AF281412

© María Dolores Bosch Carrera, 2025
mdb7373@gmail.com

© BUBOK PUBLISHING, S.L., 2025
C/ Vizcaya 6 28045, Madrid, España
Tlf: (+34) 91 290 44 90 - equipo@bubok.es

ISBN: 978-84-685-8826-1

MARÍA DOLORES BOSCH

HOLA!... BUENOS DIAS, SOY SOPHIE SCHOLL

PRIMERA EDICIÓN

Barcelona 2025

INDICE

El 30 de enero de 1933, Hitler se convertía en Canciller de la República de Weimar, Alemania. Había sido el suyo el partido más votado, aunque no obtuvo la mayoría absoluta. Poco después de acusar falsamente a un comunista de haber incendiado el Reichstag, convocaba nuevas elecciones y esta vez sí: mayoría absoluta nazi; comenzaba el III Reich.

Y comenzaba también el progresivo control sobre los medios de información, que llegó a ser prácticamente total; el control de la opinión a través del Ministerio de Goebbels, –Institución Pública de Propaganda–, los primeros indicios de una persecución a los judíos –al principio, sólo por vías legales–, después, mediante confinamientos en el *läger*, y, al final un exterminio, el holocausto, un crimen contra la humanidad. A la vez, comenzaba también el fortalecimiento de la superioridad de la raza aria, que llevó a eliminar a los discapacitados, a imponer el aborto a los judíos, a practicar la eutanasia y a excluir cualquier «raza» que pudiera «contaminar» la pureza de los arios. Y con todo esto, un crecimiento económico sin precedentes y un decidido impulso al «espacio vital» que conllevó una vulneración tras otra del Tratado de Versalles, medidas siempre muy pensadas.

¿Qué joven de aquellos años no se sintió fuertemente atraído por un líder que devolvía a los alemanes la gloria y el orgullo que la I Guerra Mundial les había arrebatado? Así también los hermanos Scholl, Hans y Sophie, que, al principio, militaban ardorosos en las Juventudes nazis… hasta que descubrieron la falacia, la manipulación, la mentira sistemática, la anulación de las libertades personales, sobre las que se construía el edificio, en apariencia imponente, que era el III Reich.

Eran jóvenes todavía cuando decidieron pasar a la acción para luchar –con sólo la palabra– contra el nazismo. Franz era estudiante de Medicina en la Universidad de Múnich y su hermana Sophie acababa de llegar allí para cursar estudios de Biología y Filosofía. El grupo, La Rosa Blanca, lo formaban un puñado de amigos: Willi Graf, Alexander Schmorell, Christoph Probst, Kurt Huber y pocos más.

Fueron descubiertos mientras lanzaban su sexto panfleto por los pasillos de la Universidad. La Gestapo los apresó y quedaron encarcelados, a la espera de una sentencia que llegó pronto: pena de muerte.

Pocas horas después, Sophie y Hans morían decapitados; ella aún no había cumplido los 22 años; Hans tenía 24. Christoph, el único católico del grupo, que acababa de tener su segundo hijo, pocas horas después. Los demás no tardarían.

PRESENTACION

Nací en Forchtenberg, un pueblecito de Baden Wurtemberg, situado en la falda de una colina, aún fortificada. Forchtenberg mira al valle del río Kocher y de ahí su nombre, que significa «delante de la colina». Era el 9 de mayo del año 1921. Papá fue alcalde de Forchtenberg hasta 1930, año en que toda la familia nos mudamos a Ludwigsburg y los comentarios políticos eran seguidos con interés por mis hermanos mayores, Inge y Hans. Dos años después, nos establecíamos en Ulm. Y aquí pasé toda mi juventud.

1. La familia Scholl.

De la postguerra, yo apenas recuerdo lo que he oído contar; era muy pequeña, aunque las huellas de la Primera Guerra Mundial marcaban tanto nuestro suelo como las almas y los cuerpos de quienes habían vivido la devastación. Sé qué en las tertulias nocturnas en casa, con papá recién llegado de su trabajo, no se hablaba de otra cosa: «*La gente está plenamente convencida de que el káiser era el único culpable (...) Y queremos, por encima de todo, ver al responsable del desastre fuera del poder. La abdicación del káiser es absolutamente necesaria... si queremos prevenir la revolución*»[1], decía públicamente Ebert, líder del Partido Socialdemócrata, el 6 de Noviembre.

De hecho, el káiser abdicó poco después, Alemania se convertía en una República y Ebert en su Presidente. Mi padre nos contó siempre que Ebert asumía el gobierno del país en pleno caos: derrotado, arruinado, dominado por la violencia y... a un paso de la revolución marxista. Es por esta razón que la flamante República tuvo que emplazar la nueva capital del estado en una pequeña y preciosa ciudad del centro: Weimar. Berlín estaba a punto de ser tomada por las milicias rojas y convertirse en una Comuna popular. Muchos de los soldados y oficiales que habían luchado en el frente, se hacían –al llegar a casa– *Freikorps,* «cuerpos libres», y, en su mayoría, luchaban por su cuenta contra la revolución comunista. Parece ser que muchos de estos jóvenes pasaron pronto a formar parte del NSDAP (Partido nazi).

Recuerdo cuando papá explicaba que, el 6 de enero de 1919, dos años antes de que yo naciera, bandas comunistas dirigidas por Rosa Luxemburgo y Karl Liebknecht, –los espartaquistas– se habían lanzado sobre Berlín, se apoderaron de importantes edificios públicos, de la estación de ferrocarril, de las sedes de los principales diarios… Y no fue solo el ejército quien reprimió el levantamiento; *los Freikorps* hasta hace poco soldados y, ahora, sin trabajo reunieron armas, uniformes, ametralladoras, coches…y se lanzaron a defender a Berlín del comunismo.

Después de 4 días de lucha, los *Freikorps* dominaban la ciudad. Los espartaquistas habían sido derrotados. Rosa Luxemburg y Karl Liebknecht, fueron asesinados esta misma noche. La prensa de nuestro país no hablaba de otra cosa.

En Moscú, Lenin había fundado la III AIT[2] con el fin de exportar su revolución marxista-leninista a todo el mundo y, pese a la desaparición de los dos líderes marxistas en Alemania, la Komintern[3] seguía impulsando maniobras revolucionarias fuera de Rusia. Y, cuando quienes promovían el desorden eran los *Freikorps*, contraatacaban los comunistas. Papá nos contaba lo que un amigo suyo –ex-combatiente

de la Gran Guerra, *Freikorps* primero y, nazi después– le explicó que, un día:

*«Nos encontramos ante una tempestad de in-
sultos de una muchedumbre reunida por los rojos.
Los hombres de las SA guardábamos una estricta
formación e ignorábamos los gritos. La tensión
llegó a su punto álgido cuando la multitud, inci-
tada por los agitadores, empezó a tirarnos cosas y
atacarnos físicamente. No podíamos aguantar
más; teníamos que defendernos... Durante un
cuarto de hora hubo una batalla cuerpo a cuerpo.
Al principio, la policía actuaba imparcialmente,
pegándonos a todos con igual fuerza. Pero pronto,
quizás porque compartían con nosotros el males-
tar por la gentuza de la calle, los policías estaban
de nuestra parte y, al poco, dominábamos el
campo»*[4].

1932

ULM, LA CIUDAD DEL GORRIÓN

Ulm, a orillas del Danubio, es una ciudad encantadora. Aquí, en un colegio para chicas, comencé mis estudios de secundaria. Fue entonces cuando descubrí la belleza: en la música de Bach y en la pintura de vanguardia. Comencé a pintar e iba a clases de piano, que me entusiasmaba. ¡Pero también disfrutaba con los paseos en bicicleta con mis amigas a los lagos o a los castillos a tiro de coche, y de las fiestas populares... Los días de viento, podían ser tan divertidos como para que las bicicletas marcharan hacia atrás ¡sin peligro de caernos!... Solía pasear con Annelies Kammerer, hija de unos grandes amigos de mis padres; con Erika, su hermana, no me llevaba tan bien y el trío formado por Annelies, Erika y Lisl, mi hermana pequeña, era la peor combinación.

En vacaciones de verano o de Pascua, solíamos unirnos a la familia Kammerer. Herr Kammerer conduce muy bien y, aun lloviendo, nos montábamos en su coche, sus hijas, Lisl y yo. Recuerdo la vez que visitamos Bremen; pinchamos tres veces en el viaje y, además, no habíamos reservado habitación en ningún hotel… y no teníamos sitio.

2. *Imagen de Ulm*

Menos mal que, en uno de ellos, nos dejaron dormir en unos colchones tirados por el suelo.

En otra ocasión viajamos al Mar del Norte. Queríamos subir en los pesqueros de arrastre, una oportunidad única. Lisa y yo nos montamos en uno y Annelies, Inge y Werner, –el pequeño de nuestros hermanos–, en otro. Salía el sol cuando acabábamos de llegar a unas islas; el viento soplaba fuerte y el oleaje era intenso; ¡nos mareamos como sopas!... arrojamos por la borda hasta la primera papilla. Después, los muchachos echaron las redes y vimos como los peces iban quedando atrapados; nosotros cogimos una estrella de mar y todos los cangrejos que pudimos, pensando en una «pelea de cangrejos».

Cada vez me entusiasmaba más leer; devoraba los libros: los poemas de Novalis y de Rilke, y el de Brentano, que en la escuela nos repetían una y otra vez y llegué a aprendérmelo de memoria:

«*Y la piadosa Rosa Blanca*
con su cascada de rizos dorados
quiere pagar toda la culpa.
Lo que te queda, Rosa Blanca
dalo a los pobres o sacrifícalo.
¡Ve en nombre de Dios!»[5].

Más adelante, descubrí a San Agustín. Fue gracias a Otto Aicher, un católico, compañero de clase de mi hermano Werner; de los autores que Otto me hizo conocer, San Agustín ha sido hasta ahora mi autor preferido. Cuantas veces leo y releo sus *Confesiones*, no me canso de repetir con él mismo: «*Señor, hiciste nuestro corazón para ti y no descansará hasta que repose en Ti*». Como me emociona este hombre, su apasionada búsqueda de Dios, su sinceridad, su valentía.

Acabábamos de trasladarnos a Ulm, la ciudad del gorrión, cuando el partido nazi, que en 1928 apenas había conseguido 800.000 votos, se convirtió en la

15

fuerza más votada: casi 14 millones de votos y 230 escaños.

3. Foto de Sophie, adolescente (Fuente: loquesomos.org)

En las segundas elecciones del mismo año, aunque perdió algo de apoyo, obtuvo 11 millones de votos. Ciertamente, Hitler fue pionero en las técnicas de propaganda que las nuevas tecnologías permitían. *«Una crítica innovación: el líder conducirá la próxima campaña desde el avión. Así será capaz de hablar tres o cuatro veces por día en diferentes lugares y de dirigirse a medio millón de personas en tan poco tiempo»*[6].

Con doce años, –al igual que a mis compañeras de clase– se nos invitó a entrar en la Liga de Muchachas Alemanas (BDM por sus siglas en alemán), la organización femenina de las Juventudes Hitlerianas. Solo mujeres –entre 10 y 18 años– podíamos formar parte del BDM. ¡Qué gran honor pertenecer a ese grupo!... Los únicos requisitos eran ser «alemanas de raza aria y no padecer enfermedades hereditarias». Y, aunque ya entonces no entendía bien la diferencia entre «alemanes arios» y «alemanes judíos», no me preocupaba: de hecho, yo tenía amigas judías que eran rubias y de ojos azules, mientras algunas de mis «cappos» –y yo misma– éramos de piel morena, pese a ser arias.

Desde que ingresé en la Liga, empecé a endurecer mi cuerpo, como el Partido nazi nos inculcaba: en pleno invierno iba a clase en bicicleta, sin abrigo, sin calcetines, sin gorro, sin guantes. Mi hermano Hans ya pertenecía a las Juventudes Hitlerianas y él era mi ejemplo. Con 16 años él lideraba un batallón de 160 chicos.

Y, en aquellos años, solo los pocos que hubiera leído *Mein Kampf* –el librito que Hitler había escrito en sus meses de cárcel– podían temer lo que después sucedería con los judíos.

4. Sophie mientras era miembro de la Liga de muchachas alemanas.

Sí, yo también estaba fascinada por el ideal de devolver la dignidad y la gloria a Alemania, nuestra nación, joven y eterna a la vez, tan brutalmente humillada en el *diktaat* que los aliados nos habían impuesto al acabar la Gran Guerra[7].

Tanto era así que mamá, enfermera, quiso que la acompañáramos a visitar un hogar para deficientes, que el régimen calificaba de *minusválidos:* personas de menor valor que los «normales»; y, como a «menos válidos» se les aplicaban las leyes de «pureza de la raza aria»: internamiento forzoso, esterilización, eutanasia. A mí, la iniciativa de mamá no me suscitó ni cariño ni ternura. Al contrario, sentí miedo y me pareció justo que los nazis preservaran la pureza de nuestra raza, aniquilando a quienes presentaba graves defectos que sólo supondrían una carga para el Estado y para sus familias. Eran «menos válidos», y nosotros no podíamos soportar esta carga «inútil» si queríamos ser la gran nación alemana que debíamos ser. Nos habían destruido injustamente; más, habían querido aniquilarnos: ¿por qué teníamos que asumir unas vidas que sólo podrían ofrecer la «inutilidad» de su sufrimiento?... Además, suponían un fuerte gasto para el Estado y nunca, nunca, podrían devolver a Alemania lo que Alemania había hecho por ellos; era mejor que dejaran de sufrir, incluso para ellos mismos… ¡Cuántas veces después he pedido perdón por esta manera «valorar» a los «menos-válidos»! ¿Quién soy yo para «aquilatar» la valía de otro ser humano inocente y débil? ¿Debían morir sólo porque eran débiles?... Nosotros conocíamos a una familia de Ulm que tenía cinco hijos y el menor era síndrome de Down; y, ¡cómo le querían sus hermanos!... Llamaba la atención ver lo feliz que era el niño y como le cuidaban todos; debía sentirse muy querido y nunca nadie hubiera permitido que se le hiciera ningún daño. Pero no todos los niños deficientes tenían la suerte de tener una familia que les cuidara y quisiera como a su mayor tesoro.

Alemania, la Patria, el Estado: este era el gran reto que, nosotros, los supervivientes de la Gran Guerra, debíamos afrontar; y las condiciones en que lo hacíamos eran tan terribles que no había lugar para los débiles.

Alemania, ¡qué gran país!..., derrotado y empobrecido por una guerra de la que, injustamente, se nos hacía responsables. En adelante, no podríamos tener colonias extra-europeas, mientras los demás países habían luchado entre sí por arrebatar territorios en África o en Asia. Tener colonias se había convertido en el signo evidente de ser una gran potencia. Pues, si no nos dejaban tener colonias, estaba claro que teníamos derecho a «nuestro espacio vital», a expansionarnos, al menos, entre los países de habla alemana; teníamos derecho a construir el sueño del Anschluss[8], por el que nuestros padres y abuelos habían luchado y muerto.

«Alemania y Austria deben volver a ser la gran madre patria (...) Una misma sangre, pide un mismo imperio. Sólo cuando los límites del Reich incluyan la Alemania real, ya que las fronteras actuales no pueden garantizar nuestro pan diario, el derecho moral a adquirir suelo extranjero se alejarán de vuestro pueblo. Tierra y suelo son los principales objetivos de nuestra política exterior (...) las fronteras entre los estados las trazan los

hombres y son los hombres quienes las pueden cambiar (...) Cuando hablamos de tierra en la Europa de hoy, miramos, en primer lugar, hacia Rusia y su cinturón de estados vasallos»[9].

Así hablaba Hitler y… sí!!!. ¡Cuánta razón tenía!.... Nos habían arrebatado incluso lo nuestro: la cuenca del Ruhr, la zona minera rica en carbón, tuvo que ser cedida a Francia. Así que, condenados a pagar una cantidad monstruosa en concepto de «reparaciones de guerra»… y van y nos roban la riqueza de nuestro suelo!... ¡Cabe una pena más injusta!... ¿Cómo podríamos afrontar este disparate? Ahora, con Hitler, Alemania volvería a ser la gran nación que estaba llamada a ser. Como aplaudía, siendo niña todavía, su voz –aflautada y chillona, estridente–, mientras nos gritaba:

«Tengo la convicción de que sin una revisión completa y la abolición de 'las reparaciones de guerra' no es posible concebir ningún tipo de restauración de nuestra economía. El Tratado de Versalles no es un Tratado de paz; al contrario, pertenece a aquella categoría de tratados -Diktats- que llevan en sí mismos la semilla de una nueva guerra. Exijo la abolición de aquellas cláusulas del Tratado de Versalles que reducen a nuestro pueblo a pueblo de segunda categoría, tanto en la esfera de la economía como en la de las

leyes: rechazarlo ¡no es solo un deseo! ¡Es un deber! Exigimos la devolución de nuestro corredor polaco. Todo el Tratado de Versalles está fundamentado en la hipotética base de que Alemania es culpable de provocar la Guerra Mundial. Los nacionalsocialistas rechazamos esta afirmación»[10].

No podía entender como mi padre, un hombre culto, con inquietudes políticas, no aceptaba nuestra entusiasta adhesión al nazismo; la de Hans, mi hermano mayor, y la mía. Mi padre era liberal y no estaba de acuerdo con el régimen nacionalsocialista; por esto las discusiones con mi hermano eran largas y frecuentes. Junto con mi madre, Magdalena, ellos habían tratado de educarnos a todos en el marco de la moral y la fe cristiana protestante. Mamá era profundamente luterana. Y… ¿acaso no era cristiano luchar con todas la fuerza de nuestra juventud para un hacer un país más fuerte, más grande, mas igual para todos, libre de las cadenas y la condena que aquel *Diktaat* nos imponía?... Esto era lo que debíamos hacer: romper cadenas; cualesquiera que fuesen; todas. Yo oía como Hans argumentaba a mi padre:

«Un hombre acostumbrado a estar supeditado a alguien más alto, se encuentra, de pronto, con que él es lo más importante. Y, entonces, cuando ya no reconoce a nadie por encima de él puede hacer y dejar de hacer todo lo que quiere y

esto es lo que sucede cuando nos liberamos de Dios, mejor dicho, de Cristo. Porque, en el fondo, Dios es un concepto inexplorado. ¿Qué sabemos de Él? En cambio, Cristo es el que exige. El es el peligroso. Ya te lo he dicho antes. En el futuro, todos vamos a prescindir del Amor. ¿Por qué no quieres verlo?»[11].

Fue la fe cristiana que mi madre cultivó, lo que, en cuanto estalló la guerra contra Hitler, me llevó a animar a mis amigos a hacer un juramento por el que «nunca jamás apretaríamos el gatillo contra ningún ser humano». Resonaban en mi conciencia las palabras de Lutero que mis padres me habían enseñado de niña, al comentar el quinto mandamiento, «no matarás»:

«¿Qué quiere decir esto? Debemos temer y amar a Dios de modo que no hagamos daño o mal material alguno a nuestro prójimo en su cuerpo, sino que le ayudemos y hagamos prosperar en todas las necesidades de su vida»[12].

Eran los «felices 20»... Felices para los vencedores, quizás, porque en Alemania, la postguerra unía hambre, paro y miseria, al dolor por la derrota, la muerte y la mutilación de tantos hombres jóvenes en nuestra querida patria. En todas las conversaciones los lamentos eran frecuentes:

«Por primera vez, vi los amarillentos y peligrosos ojos del hambre. El pan negro se desmigaba y sabía a resina y cola; el café era un extracto de cebada tostada; la cerveza, agua amarilla; el chocolate, arena teñida y las patatas estaban heladas. La mayoría de la gente criaba conejos para no olvidar del todo el sabor de la carne; en nuestro jardín, un muchacho cazaba ardillas con escopetas para la comida de los domingos y los perros y gatos bien alimentados, pocas veces regresaban de sus paseos (...) Los hombres iban vestidos casi exclusivamente con uniformes viejos, incluso rusos, sacados de un almacén o de un hospital y dentro de los cuales habían muerto unas cuantas personas. No eran raros los pantalones hechos de sacos viejos. (...) Después de que, con sus trincheras, la humanidad hubo retrocedido felizmente a la edad de las cavernas, también perdió la milenaria convención del dinero y volvió al trueque»[13].

Entonces yo no podía saber que la dureza de aquella postguerra aupó al nazismo, tanto como el sabor amargo de la derrota.

«Viví días —nos contaba un conocido de papá— que por la mañana tenía que pagar cincuenta marcos por un periódico y, por la noche, cien mil; quien tenía que cambiar moneda

extranjera repartía la operación en diferentes horas porque a las cuatro recibía multiplicada la suma que le habían dado a las tres (...). El billete del tranvía se pagaba con millones; hacían falta camiones para transportar billetes desde el Banco Nacional y, al cabo de unas semanas, se encontraban billetes en las alcantarillas: los había tirado, con menosprecio, un mendigo. Los cordones de los zapatos costaban más que, antes, un par de zapatos; no, ¡qué digo! Más que una zapatería de lujo con mil pares de zapatos; reparar una ventana rota, costaba más que, antes, toda una casa: un libro más que una imprenta. (...) Miles de parados deambulaban ociosos por las calles y levantaban el puño contra estraperlistas y extranjeros con automóviles de lujo, que compraban una calle entera como si fuera una caja de cerillas: todo aquel que sabía leer, escribir, traficaba, especulaba y ganaba dinero a pesar de la sensación secreta de que todos se engañaban y eran engañados por una mano oculta»[14].

El dinero circulante había dejado de tener valor y «era llevado a las tiendas en carretillas o en cochecitos de niños», de manera que volvíamos a una «economía de trueque»: artículo por artículo o artículo a cambio de trabajo.

Pero nosotros, en Ulm, mientras tuviéramos una bicicleta, música o algo que pintar, éramos felices. En la Liga –principalmente en campamentos de verano– aprendíamos «primeros auxilios», organización de juegos y actividades deportivas, camuflaje y supervivencia, interpretación de planos y mapas, cocina, bricolaje, guitarra... ¡Siiii!, gracias a Hitler y al nazismo, Alemania volvería a ser grande entre las naciones y no el país de parados, mutilados de guerra y pordioseros... que la guerra desató y la desgraciada República de Weimar perpetuaba.

5. *Veterano de guerra en Alemania.*

Nosotros, los jóvenes, –mis hermanos, mis amigas–, no dudábamos un segundo siquiera de que el nazismo salvaría a Alemania de la penuria. ¡Cómo nos alegraba ver pasar desde las ventanas de nuestra escuela o de casa, los antiguos *Freikorps*, ahora pomposamente denominados S. A., la fuerza de choque del joven partido nazi!

«Los uniformes eran flamantes; las tropas de asalto, que eran mandadas de una ciudad a otra, disponían –en tiempos de miseria, cuando los verdaderos veteranos del ejército llevaban uniformes andrajosos–, de un impresionante parque de automóviles, motocicletas, motos y camiones nuevos e impecables. Era evidente que el mando militar preparaba tácticamente a aquellos jóvenes o -como se decía entonces- les inculcaban la disciplina paramilitar. En una población fronteriza, donde se celebraba una pacífica asamblea socialista, aparecieron de repente y a toda velocidad cuatro camiones, cada uno lleno de mozalbetes nazis con porras de goma y, con su celeridad, cogieron a la gente desprevenida. Pronto se tuvieron más noticias de aquellas maniobras en el land bávaro. Cuando todo el mundo dormía, los mozalbetes salían a hurtadillas de sus casas y se reunían para practicar ejercicios nocturnos sobre el terreno; oficiales del ejército, en servicio activo o jubilados, pagados por el estado o por los magnates que financiaban el partido nazi, instruían a estas tropas sin que las autoridades prestaran demasiada atención a sus extrañas maniobras nocturnas»[15].

7. Hitler aclamado por las multitudes; esta devoción fue una constante hasta su hundimiento y con él el de Alemania.

1933

HITLER Y «EL REICH DE LOS MIL AÑOS»

Y en Ulm vivíamos, cuando los nazis llegaron al poder. Pese a haber perdido votos respecto de las elecciones de 1932 y sin mayoría absoluta, el Partido Nazi era el más votado. Y Hindenburg, Presidente de la República, consideró que los demás partidos controlarían a Hitler; sería como un trozo de queso entre dos rebanadas de pan; un bocadillo perfecto para dar de comer al pueblo. Y… olvidaron su *Mein Kampf*. Lo consideraron, quizás, «un pecado de juventud».

Era el 30 de Enero y sonaba *el Horst Wessel*[16]; en mayo, yo cumpliría 13 años. Y empezaron aquellos desfiles de masas uniformadas, la atronadora música –militar o sinfónica–, los efectos lumínicos, los gestos teatrales… ¡qué maravilloso modelo de orden, grandeza y disciplina, después de tanta guerra y humillación!…

El 27 de febrero, Hitler y Goebbels estaban cenando con unos amigos cuando, de repente, sonó el teléfono: los comunistas habían incendiado el Reichstag, el Parlamento. En su interior se había hallado un joven, todavía con gasolina en la mano, Marinus Van der Lubbe, que fue juzgado inmediatamente y condenado a muerte, mientras los líderes comunistas eran encarcelados. Van der Lubbe era, en realidad, un anarquista holandés, a quien los nazis habían prometido la inmediata libertad a cambio de incendiar el Reichstag.

8. Parada militar en Nuremberg para preparar un Mitin de Hitler

Lo hicieron pasar por comunista, sin serlo, porque el partido que iba a la zaga del Nazi en las últimas elecciones era el Partido Comunista. Hitler tenía así motivo para convocar nuevas elecciones y, –culpando a los comunistas– obtener la mayoría absoluta que necesitaba para dictar las nuevas leyes nazis.

Y, conseguida esta mayoría absoluta que buscaba, nombraba a Goebbels ministro del Reich para la Instrucción Pública y Propaganda, un ministerio antes inexistente. Una vez purgada y controlada la industria radiofónica, el problema era cómo llegar a todos los alemanes, pues, a pesar de ser el medio de comunicación más popular de la época, no todos podían permitirse un aparato de radio. Para solventar esta situación, el nuevo ministro empezó por colocar altavoces en muchos espacios públicos, como fábricas, escuelas o plazas, para que toda la población pudiera escuchar los noticiarios. Por otro lado, financió la construcción de un receptor económico que fuera accesible a la mayoría de los alemanes: El *Volksempfänger* («receptor del pueblo») era barato; costaba 76 marcos, lo mismo que un traje, y se podía comprar a plazos. Además, tenía la particularidad de poseer una frecuencia que dificultaba, aunque no lograba impedir, la sintonización de emisoras extranjeras. En pocos años, la mayoría de los hogares alemanes tuvieron un *Volksempfänger*. Y escuchar la palabra del Führer pasó a ser un ritual, casi sagrado, en muchos hogares. Allí nos inflamábamos con la esperanza, ya pronta, de dejar atrás el hambre y la miseria y de volver a ser un gran imperio. Controlar la prensa fue algo más complicado. En 1933 existían en Alemania más periódicos que en toda Francia, Italia y Gran Bretaña juntas. Goebbels actuó desde tres frentes. Primero, creó la

Cámara de Prensa del Reich, a la que debían pertenecer obligatoriamente todos los que quisieran trabajar
en la prensa. En segundo lugar, forzó el cierre o com-
pró, a través de presiones, gran parte de los rotativos
independientes y las dos agencias de prensa más grandes del país. Por último, impuso una censura que no
se la saltaba ni un torero. Al mismo tiempo, prohibió
la importación de prensa extranjera.

Este mismo año, en Berlín y en otras más de
veinte ciudades alemanas se orquestó una quema ce-
remonial de libros, organizada por la Liga de estudiantes nazis. A la luz de la gran hoguera de la plaza
de la Ópera, Goebbels pronunció un discurso incen-
diario. Los escritores quemados, Thomas Mann, Al-
bert Einstein, Bertolt Brecht, Sigmund Freud… eran,
para él, «el espíritu maligno del pasado» y sus obras
«bodrios e inmundicias». Hans y yo aplaudíamos con
fervor estas iniciativas que, decíamos, limpian a nuestro país de las inmundicias que le han hecho débil.

No todas las paradas militares de Nuremberg eran tal
y como la radio y la prensa nos decían. Lo supe por
Hans, la vez que regresó –cambiado– de Nuremberg,
después del Congreso anual del partido nazi. Nos
contó que decenas de miles de jóvenes asistentes habían acampado en tiendas de campaña, preparados
para aplaudir a Hitler después de su discurso. Pero en
aquel encuentro reinó el desorden, la vulgaridad y el

descontrol sexual; él mismo había sufrido acoso por parte de algunos superiores… La prensa oficial reconoció 900 embarazos de padres desconocidos en aquella macro-fiesta de Nuremberg. Y Hans intuía que aquello no había sido espontáneo; estaba programado. Los nazis querían aumentar la natalidad y, al mismo tiempo, romper la familia: en ella se educaba a muchos pequeños alemanes –como los Scholl– para que fuesen buenos cristianos, no buenos nazis.

9. Congreso del Partido Nazi, 1937. Nuremberg.

Mis padres nos seguían insistiendo en la maldad del nazismo y, desde aquel Nuremberg, las discusiones entre Hans y su padre fueron menos frecuentes. Su padre hablaba de las condenas a muerte sin juicio y nos decía de la existencia de campos de concentración para enemigos del régimen… Sí. En marzo de

1933, en Dachau, se abría el primer campo de concentración. Algo de lo que nunca, nunca la prensa o la radio nos informaron y que yo apenas pude creer. Los primeros en llegar fueron comunistas, socialistas y sacerdotes católicos. Los judíos no tardarían en iniciar su calvario. Pero yo seguía creyendo en Hitler y estaba segura de que, si él tuviese conocimiento directo de lo que estaba sucediendo, acabaría de inmediato con los abusos. Alemania volvía a ser una potencia, como la prensa anunciaba y pronto todo el mundo podría reconocer. Y esta grandeza era obra de un líder, Hitler, que había recogido las ruinas de una vergonzosa derrota para transformarlas en vigor, orgullo, dinamismo y gloria.

Aprendí a pensar en lo de Nuremberg como una excepción a la regla de progreso en que el partido nazi y Hitler nos zambullían: además, ¡toda la prensa, la radio, la escuela... nos lo decían!... La «*Educación para la ciudadanía*» que el régimen impuso en la escuela, nos enseñaba que las chicas debíamos evitar las relaciones con «enfermos y miembros de razas inferiores»; que la mujer alemana debía superar cualquier dependencia de su marido pues ella debía servir tanto para la familia como para trabajar en cualquier industria que el país pudiera demandar. Yo aplaudía estas opiniones. ¡Paridad!, ¡Igualdad de oportunidades para ambos sexos!... Qué sabio era nuestro Führer y cuánto hacía por el bien de Alemania. Los progresos del país eran tan grandes, que nadie podía discutirlo: el paro se estaba reduciendo, nuestras autopistas y carreteras comenzaban a tener fama de ser las mejores de Europa, a la par con las que Mussolini estaba construyendo en Italia.

10. Sophie, hacia 1936.

Mi hermana mayor, Inge, pensaba, como Hans y como yo, que Hitler era el hombre que Alemania necesitaba: Hitler quería lograr que nuestra patria fuera grande, feliz y próspera. Quería lograr que todos tuvieran pan y trabajo. Se había propuesto no descansar hasta que cada alemán fuera libre, independiente y feliz en su patria. Esto nos parecía bueno y habríamos hecho todo lo posible para conseguirlo. Además, otra cosa nos atraía y nos arrastraba con fuerza misteriosa:

las columnas compactas de jóvenes que marchaban con las banderas al viento, los ojos fijos hacia adelante, el retumbar de los tambores y los cantos.

Por esto aplaudimos cuando llegó la noticia: «Alemania suspende el pago de deudas de guerra!»: Hitler alegaba la injusticia del castigo impuesto por Versalles y, como unos meses antes se había retirado de la Sociedad de Naciones, nadie podría exigirle el cumplimiento de lo tasado. Además, empezará a pagar a los acreedores extranjeros con marcos bloqueados: solo sirven para comprar dentro de la misma Alemania.

Nuremberg era también la sede del nuevo Parlamento alemán, dado el estado del Reichstag de Berlín desde su incendio. Y el nombre de esta ciudad iba a quedar atado, para siempre, a algo que, ninguno de nosotros, jóvenes pro-nazis, conocíamos en toda su extensión: Las leyes de Nuremberg fueron –ante todo– el primer intento de persecución «legal», asfixiante, no cruenta, de los judíos.

El 15 de Septiembre de 1935 se publicó la primera. Era la Ley de ciudadanía que reconocía como alemanes solo a aquellos que «fueran de sangre alemana o con parentesco alemán» y definía como judíos a aquellos que tuvieran más de tres generaciones de abuelos de raza judía. Después vino la Ley para la protección de la sangre y el honor alemanes que proscribía los matrimonios entre judíos y nazis o personas de sangre o parentesco alemán. Estas relaciones producían niños «mestizos», que debilitaban la pureza de la raza alemana. Las penas para los judíos que contravinieran esta ley podían llegar a ser de 15 años de cárcel.

Durante los años de III Reich fueron más de 400 las leyes que prohibieron a los judíos las cosas más inverosímiles: desde tocar en una orquesta hasta poseer una mascota; desde la obligatoriedad de cambiar de nombre –en adelante los judíos varones solo podrían llamarse Israel y las mujeres, Sara– hasta la prohibición de cursar estudios universitarios; no podrían actuar ni en teatros ni en cines, ni dirigir empresas editoriales, ni ser maestros, comadronas o veterinarios; y a los médicos y abogados judíos se les prohibió ejercer su profesión y todas las propiedades judías registradas, salieron a la venta a precios ínfimos… Y así hasta cuatrocientas prohibiciones más.

En Nuremberg se aprobó también la retirada del pasaporte a los judíos y, algo más adelante, la obligatoriedad de ser identificables en todo momento, mediante el uso de la estrella de David en sus abrigos y ropas de calle.

1936

LOS JUEGOS OLÍMPICOS DE BERLIN

Nosotros reíamos, –felices, ingenuos– al ver cómo se engrandecía nuestra patria. En poco tiempo tendríamos más población que Francia y Bélgica juntas. Y el paro despareció: cuando Hitler llegó al poder, Alemania tenía once millones de parados. En 1936, solo cuatro años después, el índice de paro ¡era… 0! ¿Cómo lo había hecho?

En primer lugar, mediante una política –exitosísima– de obras públicas; no sólo carreteras: ferrocarriles, nuevos aeropuertos, producción de acero y carbón…y rearme. Si bien el Tratado de Versalles prohibía a Alemania un ejército de más de 100.000 soldados, en 1936 tenía un millón y medio de soldados preparados para ser movilizados cuando hiciera falta.

Y entonces, ¡llegó el momento del éxtasis!... En los Juegos Olímpicos de Berlín, el mundo entero pudo comprobar como aquella Alemania, apenas pocos años antes convertida en el basurero de Europa, se mostraba ahora con el vigor y la fuerza de una primera potencia. Las carreteras, los aeropuertos, los hoteles, los medios de transporte… todo, todo se conjugó para dar una imagen de poder y riqueza.

11. Uno de los carteles propagandísticos de los Juegos de Berlín de 1936.

Los éxitos de nuestros atletas eran seguros siempre que, desde la tribuna, Hitler presidía alguna prueba.

Aquellos Juegos Olímpicos pasaron a ser el mejor escaparate para mostrar al mundo la grandeza del Tercer Reich.

¿Quién podía resistir la seducción que emanaba de los éxitos del nazismo? Pues… solo hubo, apenas, una excepción: Jesse Owens, un atleta negro, keniata, que ganó cuatro medallas de oro consecutivas en los primeros días de agosto y se negó a saludar a Hitler. Pero su hazaña se perdió pronto entre la salva de aplausos y vítores por las victorias de los nuestros; la brecha abierta en la pretendida superioridad de la raza aria era demasiado débil. Y el único equipo de futbol que se negó a saludar con el saludo nazi, fue el peruano… ¡Ufff! un remoto país… del tercer mundo.

Incluso Mr. Churchill, que manifiestamente despreciaba al Führer, –«*Alemania está en manos de un criminal sin escrúpulos y una bomba de tiempo para la paz mundial»,* había dicho–, no tuvo más remedio que reconocer públicamente el éxito económico y la capacidad de organización de la Alemania de Hitler.

1937

OTTO, EL AMIGO CATÓLICO DE HANS

Antes de terminar secundaria, tenía claro que me matricularía en la Universidad; quería estudiar Bellas Artes. Me apasionaba también la Filosofía: las últimas preguntas sobre el por qué y el para qué de la vida, el pensamiento racional, el ser humano. El principal impulsor de este interés mío era Otto Aicher, compañero de curso de Werner, de quien ya he hablado. A sus 15 años, Otto, católico, había estado en la cárcel por negarse a pertenecer a las Juventudes hitlerianas. Él fue quien nos dio a conocer a Sócrates, Las *Confesione*s de San Agustín, los *Pensamientos*, de Pascal, y *¿Qué es el hombre?*, de Teodor Haecker, un filósofo a quien más adelante, ya en la Universidad, yo llegaría a conocer.

El 27 de marzo de ese año, Domingo de Ramos – fiesta para los católicos– en todas las iglesias católicas de Alemania y de forma clandestina, los feligreses pudieron escuchar capítulos o ideas de la *Mit brennender sorge*, una encíclica[17] que el Papa Pio XI había escrito para alertar a los católicos de la maldad del nazismo:

«Si la raza o el pueblo, si el Estado o una forma determinada del mismo, si los representantes del poder estatal u otros elementos fundamentales de la sociedad humana tienen en el orden natural un puesto esencial y digno de respeto, con todo, quien los arranca de esta escala de valores terrenales elevándolos a suprema norma de todo, aun de los valores religiosos, y, divinizándolos con culto idolátrico, pervierte y falsifica el orden creado e impuesto por Dios, está lejos de la verdadera fe y de una concepción de la vida conforme a esta (n. 12). (...)

Solamente espíritus superficiales pueden caer en el error de hablar de un Dios nacional, de una religión nacional (n. 15). (...)

Decimos a esta juventud (...) os hablan mucho de grandeza heroica, contraponiéndola osada y falsamente a la humildad y a la paciencia evangélica, pero ¿por qué os ocultan que se da también un heroísmo en la lucha moral, y que la conservación de la pureza bautismal representa una acción heroica, que debería ser apreciada como merece, tanto en el campo religioso como en el natural? Os hablan de las fragilidades humanas en la historia de la Iglesia, pero ¿por qué os ocultan las grandes gestas que la acompañan a lo largo de los siglos, los santos que ha producido, los beneficios que la civilización occidental recibió de la unión vital entre la Iglesia y vuestro pueblo? (n. 43)».

Tardé un tiempo en tener noticias, –más bien fueron rumores–, de la inmediata reacción de los nazis: en las semanas siguientes fueron encarcelados más de 1.000 católicos –no solo sacerdotes, también laicos–. Pero nunca lo supimos con certeza; la prensa no podía informar si quería sobrevivir.

COMIENZO A TRABAJAR

En aquel tiempo, el régimen imponía un período de trabajos manuales y físicos, antes de acceder a los estudios universitarios. Y comencé a trabajar en un jardín de infancia; pensaba que esta experiencia me sería gustosa pues me encantaba estar con los niños, y, además, me serviría para el Servicio Alemán del Trabajo. Pero no fue así. Por otra parte, el trabajo en Bad Dürrheim era duro: 45 niños entre 2 y 18 años. Tendría que alimentarles, lavarles, vestirles y cambiar dos veces al día el agua de su tina. A las nueve, todos a dormir, cosa muy de agradecer porque durante el día no parábamos. Algunos eran muy mimados y todos eran muy chillones. Pero lo peor eran las trabajadoras, especialmente una prusiana, con el cerebro de una gallina, gorda y que, además, roncaba por la noche. Y encima, ¡nunca se lavaba y se consideraba una

45

belleza! Menos mal que podía escribir a mis padres, a mis hermanos y a mis amigas por las tardes, mientras los niños dormían una siesta de dos horas, obligatoria.

EL «ARTE DEGENERADO»

En julio se inauguró, en Múnich, la exposición «Entartete Kunst» («Arte degenerado»). Ya he dicho que, durante los primeros años de escuela, había aprendido a dibujar y no se me daba del todo mal. A Inge, mi hermana, y a mí, nos gustaba, especialmente, ir a Worpswede, la colonia de artistas cerca de Bremen donde podíamos hablar con artistas del momento y ver sus obras. Allí conocí a Paula Modersohn-Becker, a Martha Vogeler, a Manfred Hausmann... todos ellos escondían su arte, considerado por el régimen «degenerado». Una de las veces que permanecí en Worpswede, mi hermana Inge y mis padres se marcharon a la Selva Negra. Inge lo necesitaba, pero yo me quedé. La ciudad no tiene en si nada de especial, aunque está creciendo mucho. A orillas del Mar del Norte y del Báltico, su gente, extraordinariamente divertida, su atmósfera nocturna llena de paz y melancolía y el balanceo de las olas y la llanura enamoran. Así se lo decía a mi hermana Lisl:

«(...) Fui a nadar al Báltico y al Mar del Norte, Y, una vez más, quedé enamorada del Mar del Norte. Me sentía como si estuviera en el

séptimo cielo, balanceándome sobre las olas… si no fuera porque el agua salada me desilusionaba cruelmente, una y otra vez»[18].

12. Anunciación con María y el Angel sosteniendo rosas blancas en sus manos, de Paula Modersohn-Becker. Pintado en 1905, Sophie escribió a su hermana: «Paula Modersohn me emocionó mucho; siempre ha trabajado sola; no se deja influenciar por nadie y, después de haber visto sus cuadros, ninguno me gusta más que éste».

Hitler había propiciado la exposición para burlarse de lo que él consideraba «arte degenerado»; él se veía a sí mismo un artista y odiaba el arte moderno. La exposición mostró 650 obras pertenecientes a las primeras vanguardias: Cubismo, el Dadaísmo, el Surrealismo y, sobre todo, el Expresionismo, que Goebbels admiraba en secreto. Otto Dix, Marc Chagall, Kandinsky, Piet Mondrian, El Lisitzy, Oskar Kokostschka… Las obras estaban colocadas de forma caótica, mal iluminadas, y la mayoría tenía una etiqueta en la que se podía leer un título que las ridiculizaba y el precio que el anterior gobierno había «derrochado» en ellas. La exposición atrajo a más de dos millones de visitantes, y, al igual que los Juegos Olímpicos, se convertiría en uno de los mejores eventos propagandísticos del régimen.

FRITZ

Lo que no podía suponer es que las cosas del corazón se me iban a complicar un poco. Conocí a Fritz en casa de Annelies. Es amigo de Hans, tiene cuatro años más que yo y se prepara para ser oficial del ejército alemán en la Academia militar de Potsdam. Espera dejar la Academia con el grado de teniente. Me enamoré de él y él de mí bailando *swing*.

Tampoco podía imaginar lo que sucedió en la madrugada de un día del mes de Noviembre. De repente, unos golpes en la puerta de nuestra casa nos despertaron a todos: la Gestapo venía a buscar a papá, que ya había salido de casa. Aquellos hombres parecían no tener prisa; se sirvieron el desayuno y utilizaron los aparatos de gimnasia con los que nos entrenábamos. Después, comenzó el registro: mamá había conseguido meter en su cesta de la compra los libros prohibidos por el régimen, que Hans leía continuamente. Y salió de casa rápidamente, con la excusa de ir al mercado. Uno de aquellos hombres descubrió mi *Diario…* y no puede evitar que lo leyera en alto, entre las risotadas de sus compañeros. Los tres hermanos quedábamos detenidos. Inge y yo solo permanecimos arrestadas el tiempo que duró el interrogatorio. Werner, el pequeño, pasó su cumpleaños en la cárcel. El 15 de diciembre le tocó el turno a Hans, acusado de «asociacionismo indebido»; pero como no se pudo probar, quedó en libertad poco después. Comenzaba así nuestra desilusión por el nazismo. Y, aunque seguí militando en la Liga, las discusiones con mis superioras eran cada vez más agrias y más frecuentes.

Llegó la Navidad, que los nazis habían sustituido por «la fiesta del solsticio de invierno». Como cada vez iba menos a la Liga, pasaba largos ratos en casa hablando con mamá; mi madre lloraba cuando me explicaba que los nazis habían suprimido la fiesta del Nacimiento de nuestro Redentor, porque eran tan anticristianos como los soviéticos.

1938

Mi entusiasmo por el Arte iba en aumento. Mi facilidad para el dibujo me hacía disfrutar con poder interpretar cualquier tema y soñaba con llegar a ser… una artista reconocida. Y le escribía a mi hermana Inge:

«Todavía no he madurado una vocación ni nada parecido. Pero si uno quiere convertirse en artista, antes que nada ha de convertirse en persona. Intentaré trabajar sobre mi misma; es muy difícil; en comparación con Erika, soy muy superficial»[19].

Era septiembre y todavía no habían empezado las clases. Se acercaba el cumpleaños de Hans, mi hermano, y yo escribía a Fritz,

«…La semana ha volado. El tiempo corre y, en casa de Annalies trabajamos, o mejor, parloteamos, todo el día, mientras preparamos la fiesta de Hans. Lamento que tú estés todavía guardando cama. Quizás podrías aprovechar el obligado descanso para mejorar tus conocimientos de literatura.

Estamos teniendo unos días maravillosos. A menudo voy de paseo al bosque. A veces voy en canoa con Oskar, pero me torturan las picaduras de los mosquitos. Paso la mitad de la noche rascándome la piel.

Annelies acaba de llamar para decir que su madre traerá algo de vino y cava de la bodega, imagínate. Para ser sincera, yo preferiría pasar la tarde de viaje que con Annelies. Acabo de leer una de las cartas de Inge y me vuelve la nostalgia. Somos afortunados pudiendo salir en vacaciones y lamento que haya quien nunca ha disfrutado de esta experiencia. Recuerdo cuando con Inge cruzábamos la carretera, y guitarra en mano, empezábamos a cantar a pleno grito, en dirección al bosque, sin preocuparnos para nada de las caras extrañadas de los que paseaban.

Me llega la hora de la cena. ¿Puedo desearte también buen apetito? Y, por supuesto, gracias por tu última carta. Sophie».

LA NOCHE DE LOS CRISTALES ROTOS

De repente, en la noche del 9 de Noviembre, en toda Alemania y en Austria –ya anexionada a Alemania– comienzan a arder sinagogas y comercios judíos. Vestidos de calle, sin uniforme, las SS han asaltado las calles de diferentes ciudades y destruyen cualquier tienda o negocio judíos. Es la «noche de los cristales rotos»; las SS no llevan uniforme en un intento de camuflar su violencia programada como actos vandálicos de origen popular. En Ulm, varios judíos amigos buscan refugio en nuestra casa. Mientras mamá atiende a los heridos, papá sale en busca del propietario de nuestra casa, que es judío, para ofrecerle la ayuda que necesite. ¡Que coherente era!…: estaban todavía abiertos los procesos contra Hans y Werner y temíamos que su valentía pudiera complicarlo todo un poco más… Pero… ¿qué había pasado?… En París, un judío alemán había asesinado un diplomático de nuestra embajada. Y este sería el inicio de la persecución abierta contra los judíos.

Desde aquella noche, los carteles anunciando en las puertas de tiendas judías: «*Alemanes tened cuidado!.... No compréis a los judíos*».

Aquella noche fueron arrestados más de 30.000 judíos y deportados a campos de concentración. Y, aunque muchos alemanes nos quedamos horrorizados, nadie se atrevió a protestar en voz alta. ¿Quién podía atreverse a hablar, sabiendo lo que le esperaba?... Y así sucedió aquello que, tarde ya, demasiado tarde, tan bien expresaba Martin Niemöller, un pastor luterano:

«*Cuando los nazis vinieron a llevarse a los comunistas, guardé silencio, ya que no era comunista. Cuando encarcelaron a los socialdemócratas guardé silencio, ya que no era socialdemócrata.*

13. La leyenda dice: Detrás de los poderes enemigos, el judío.

Cuando vinieron a buscar a los sindicalistas, no protesté; yo no era sindicalista. Cuando vinieron a llevarse a los judíos, no protesté; yo no era judío. Después, vinieron a buscarme a mi; pero, ya era tarde; entonces, ya no había nadie más que pudiera protestar»[20].

¡Qué lejos estábamos de sospechar siquiera que aquello no era más que el principio de una persecución a muerte, hasta el «holocausto» final!...

14. Sophie Scholl entre 1936 y 1938

1939

Llegó el verano del 39. Fritz y yo habíamos planeado ir con mi hermano Werner de viaje a Yugoslavia. Pero el régimen prohibió los intercambios con extranjeros y los viajes de gente joven; eran los meses previos de la declaración de guerra y en el ambiente se intuía una creciente tensión entre los países europeos. Así que decidimos regresar a Worpswede, donde Inge y yo habíamos estado el año anterior. De allí nos íbamos con frecuencia a Hamburgo, a Hamme... Reconozco que, pese al encanto de mundillo artístico... prefiero la gente del Sur.

Desde Worpswede le contaba a Lisl que Inge había dejado ya la Selva Negra, que yo, quizás, me iría a Zúrich con mis padres; me hacía ilusión porque allí podría continuar viendo buena pintura.

COMIENZA LA II GUERRA MUNDIAL

Dos semanas más tarde, el 1 de setiembre, Hitler invadía Polonia. Dos días después, Francia e Inglaterra le declaraban la guerra. Fritz se marchaba a Calw, destinado como adjunto a la unidad del Alto Rin del

Ejército de Tierra y yo preparaba mi último semestre en la escuela. Había comenzado la II Guerra Mundial.

«Querido Fritz,

Muchas gracias por tu carta. Espero no tener que esperar demasiado para recibir la siguiente. No hay nada peor que permanecer sin noticias de alguien de quien solo sabes cuál es su paradero. (...) Supongo que tú y tus hombres tenéis mucho que hacer. Yo apenas puedo intuir que, en estos momentos, muchos hombres viven bajo constante amenaza de otros. Nunca lo entenderé. Me parece terrible. No vayas a decirme que es por defender la Patria.

Espero que tú estés bien. ¿Es peligroso lo que haces? Hans está todavía aquí y yo estoy encantada. Cada mañana los dos nos vamos a nadar. También diseñamos las viejas casas de la Münsterplatz en color, cosa que nos divierte un montón.

La escuela no ha empezado todavía y quien sabe cuándo empezará.

Pienso a menudo en ti. Parece que hace siglos que el verano se fue. Apenas puedo creer que lo pasamos juntos. ¿Recuerdas cuando te sentabas en la silla de playa en Heilegenhafen? ¿No te partes de risa?

Dime dónde estás o, al menos, donde te permitan decir y que trabajo te están dando.

Espero que puedas escribirme pronto.

Te deseo lo mejor,
Sophie»[21]

En otoño, pese a que la guerra ya había empezado y el mundo contenía la respiración, en Ulm, todo seguía como siempre.

«Querido Fritz,

Gracias por tu carta. (…) Hans está todavía aquí, y estamos felices. Seguimos yendo a nadar cada mañana y aquí, en Ulm, todo marcha como siempre. Dibujamos mucho; (…) No entiendo porque la gente se empeña en hablar y hablar del sombrío panorama de la guerra y todo lo que se relaciona con ella le parece fantasmal. Aquí, en Ulm, la guerra apenas deja noticias, excepto que la ciudad es un hormiguero de soldados. Incidentalmente, el otro día, un avión enemigo hizo un bucle sobre la catedral y se acercó un par de veces. Era el primer avión enemigo que he visto, francés, de reconocimiento»[22] *(…)*

«Me alegra que Hans esté a punto de irse a Múnich para empezar sus estudios de Medicina. (…) Recientemente soñé que estaba en una cárcel durante toda la guerra. Me habían atado un pesado anillo de hierro alrededor de mi garganta. Era la peor parte del sueño. (…)

Nunca me escribes con quién estás o de quién te has hecho amigo, con quien te llevas mejor.... ¿No encontráis nunca mujeres o niños en vuestro trabajo? (...) El ejército, ¿distingue entre domingos y días entre semana?»[23]

«(...) Ha llegado el Adviento, y espero que tú puedas también encender la vela roja. Cantamos villancicos, con flauta y piano y Werner toca el violín. Además, ¡vamos al Coro de Adviento! ... Casi disfrutamos tanto estos días como el día de Navidad. (...)

Siempre pienso en nuestros paseos nocturnos a orillas del Danubio. Hoy la luna está tan visible como entonces. Redonda y perezosa, con una amplia corona con todos los colores del arco iris. ¡Espero pronto carta tuya!»[24]

1940

Mientras la guerra avanza, la movilización de jóvenes hacia el frente se ha hecho más intensa. Hans ha tenido que dejar sus estudios de Medicina, recién comenzados, y es llamado a filas. Primero servirá en el frente Occidental, en Francia.

«*Mi querido Fritz*

Anteayer recibí carta tuya. (…) Hans nos escribe que está ocupado noche y día; dice que está muy a gusto trabajando en un hospital de campaña, cerca de Reims: ha estado ayudando a cuidar los heridos de Soissons. Aquí, en Ulm mucha gente dice: '¿a quién le importa lo que dure la guerra, mientras mi marido vuelva entero y pronto a casa?'... también parece como si los franceses solo estuvieran preocupados por su confort. Me hubieran causado mejor impresión si hubieran defendido Paris y sus riquezas artísticas hasta el final. Pero lo que domina hoy es la conveniencia y los buenos propósitos ya no existen. Ni el honor, supongo. Lo único que importa es salvar la propia piel. Bien… Ahora que Francia está en manos del

Führer, volver a casa ¿dejará de ser la única preocupación?

A veces me estremece pensar el espíritu que hoy se ha enseñoreado de la historia. Ahora que el poderoso león ha muerto, el chacal y la hiena reclaman su parte. Pero seguro que te parece poco femenino que te escriba cosas así: te debe parecer absurdo que una mujer ocupe su cabeza con temas políticos. Me imagino que tu actitud ante todo lo que está pasando es muy distinta de la mía; tú tienes mucho trabajo; yo sigo haciendo lo mismo que en tiempo de paz: cuidar a los niños de la guardería. A veces lo hago contenta; otras no. Pero siempre salgo de la guardería con las manos llenas; veo como crezco yo misma, aunque sea un poquito»[25].

«(...) En casa esperamos con ansia el correo militar. Ahora, antes de dormir voy a ponerte unas pocas líneas. Quiero que sepas que, a causa de la profesión a la que tú estás atado, estoy preparada para hacer algunas concesiones en temas ideológicos o políticos, con la esperanza de que tú reflexiones sobre ello y quizás acabes cediendo. No puedo imaginar cómo sería posible la convivencia entre dos personas que difieren tanto en sus puntos de vista y, al final, en sus actuaciones. No entiendo que podamos ser ambivalentes porque todo el mundo lo es; me parece un comportamiento

anticristiano, aunque sea muy común entre gentes que se pavonean de serlo.

Justo hoy hemos tenido noticas de Hans. Y... figúrate, ¡nos dice que ha conseguido un cachorro de San Bernardo, de unos tres meses y que lo enviará a casa!... Werner y yo estamos más que encantados. No paramos de reírnos cuando nos miramos y vemos que estamos pensando los dos lo mismo. Fritz, si tu no necesitas o ya no te gusta tu perro (a veces pasan estas cosas) dámelo a mí antes de dárselo a otro. Me harías feliz. Y si tuvieras que irte a Inglaterra, por poner un ejemplo, seguramente encontrarías a alguien que lo trajera a casa... o quizás... si lo pudieras traer tú mismo, ¡mucho mejor!... (...).

Apuesto que soñaré con cachorros toda la noche. Tuya siempre, Sophie»[26].

HANS HA REGRESADO A LAS AULAS...

«Querido Hans:
Llevo mucho tiempo queriendo escribirte para decirte lo contenta que estoy con el perro que nos has enviado desde el frente. He estado enferma y por esto he tenido que retrasar mi carta. Aprovecho ahora para agradecerte también la camiseta que me has enviado. Somos nosotros los que te teníamos que regalar algo por tu aniversario y

*eres tú quien nos regala. Werner está feliz, espe-
rando que llegue la suya; y con el perro ni te digo.*

*Inge y yo estuvimos dando un paseo ayer en
bicicleta. Nos sentíamos como oficiales del Todo-
poderoso, a quienes ha enviado a la tierra para
ver si era todavía buena. Y por supuesto que nos
pareció buenísima. Claro que no podíamos pensar
en la gente que hace la guerra en aquellos momentos, si no en los bosques y en la buena gente que
nos rodea. Al salir del bosque, más allá de Ober-
kircheberg, Inge me comentó que olía a fresas. Yo
no pude oler más que a resina. Inge tiene mejor
olfato porque cuando nos sentamos, debajo de
unos abetos, con solo rascar un poco la superficie,
enseguida aparecían fresas rojas. Después empezó a llover y nos fuimos corriendo a buscar co-
bijo en la granja más cercana, donde vacas y ga-
llinas nos dieron una cordial bienvenida. Cuando
amainó, nos fuimos otra vez, en dirección a Ulm,
felices, cantando bajo la lluvia. El sol salió enseguida y cuando llegamos a casa ya estábamos se-
cas.*

*La próxima semana estaré de convivencias
con los niños en una casa en Monbachtal. No sé si
sacaré tiempo para escribirte, porque voy a tener
que aprender muchas cosas. Pero en cuanto llegue
a casa espero encontrar tus cartas y, según espera*

mamá, quizás hayas podido enviarnos algo de
café.
Con todo mi amor,
Sophie»[27]*.*

La guerra había llegado y su hedor de muerte se iba expandiendo, poco a poco; Alemania barría a sus enemigos de un plumazo, aunque nosotros, en Ulm, lo único que notábamos era la ausencia de Hans. Veía normal que Fritz, por su profesión, estuviera fuera de su casa y lejos de mí. Por otra parte, la belleza de la Selva Negra, aquellos paisajes, sus gentes… hacían de nuestras vacaciones una delicia que sorbíamos con todos nuestros sentidos, hasta ignorar –casi– la guerra:

«Querido Fritz:
El verano ha llegado casi de repente y estoy encantada. Estamos en el Tirol y qué bonitas son las montañas, aun en modo totalmente distinto al invierno...Necesitas buen ojo para captar tanta belleza, hasta el más pequeño detalle. Hace tiempo que no disfrutaba tanto con las flores como hoy y pocas veces he sido tan feliz como esta mañana, cuando Lisa y yo estábamos sentadas en la falda de una colina, toda cubierta de dalias y campánulas que, brotando entre las piedras, escondían cientos de miles de campanillas. Había todo tipo de hierbas cuyos nombres no conozco,

extraordinariamente delicadas. Después aterrizamos en una abadía católica, donde comimos pan negro, mantequilla y queso porque ahora no tenemos un Fritz que nos envíe manjares de rey. Pero teníamos mucha leche y nosotras mismas ordeñamos las vacas. Además, esto es secundario. Espero quedarme aquí unos diez días, antes de irme al campamento de niños, en Bad Dürrheim. No te cuento lo amable y buena que es aquí la gente. Incluso nos han ofrecido trabajo para que durante estas vacaciones podamos quedarnos unos días más. Parece mentira que una florecilla pueda ocupar la cabeza tanto como para no pensar en otra cosa. Sólo de vez en cuando se me vienen a la cabeza cosas importantes como mis padres, la guerra, o tu (...). Pero donde más disfrutamos es revolcándonos por el césped, en medio de miles de criaturas: hormigas, abejas...»[28].

«Si yo tuviera dinero, me quedaría a vivir aquí. No abajo, en el valle, si no a media altura; estoy segura de que nunca me pondría enferma. Cada florecilla y las pequeñas cosas que dan a las montañas todo su esplendor y grandeza cuando se contemplan de cerca, son pura delicia. Nunca he encontrado campesinos con tanto gusto por las plantas y que traten a sus animales con tanto cuidado»[29].

Fue en aquellos días cuando, por primera vez, sentí que se estaba abriendo una grieta entre Fritz y yo. Y fue, como no, por culpa de su trabajo.

15. Vista de los Alpes del Tirol alemán.

Estaba todavía de vacaciones en Ulm, cuando empezaron a llegarnos noticias terribles de aquel centro de deficientes que, de niña, visité con mi madre. Los nazis utilizan a los niños como banco de pruebas para ensayar tratamientos agresivos que les lesionan gravemente o, directamente, les asesinan; a esta muerte la llaman eutanasia.

«Creo que menosprecias mis puntos de vista sobre tu profesión. O mejor, creo que la profesión de soldado es distinta de como tú la ves y la describes. Un soldado es, antes que nada, una persona que se debe a un juramento: has jurado obediencia a tus jefes. Y mañana puedes tener que cumplir órdenes del todo opuestas a las de hoy. Su profesión es la obediencia. Ser soldado no es, pues, una verdadera profesión. En tu visión idealizada de ella, tú piensas que las órdenes que recibas de tus superiores siempre serán acordes a las órdenes morales que cada persona tiene grabadas en su conciencia. Puedo apreciar que tu visión de la profesión es muy educativa, pero pienso que no siempre es así. ¿Cómo puede ser honesto un soldado si está siempre puesto al borde la mentira? O, ¿no es mentir jurar obediencia a unos principios y mañana a otros, porque tu superior ha cambiado de opinión? En lo que yo sé, tú estás en contra de la guerra. Y te pasas el día entrenando a los hombres para que la hagan. Seguramente piensas que no es el ejército el mejor sitio para enseñar honestidad, modestia y actitudes sinceras. Pienso que un cristiano nunca puede ser obligado a cumplir algo que está en contra de sus principios morales, que son intocables. Un soldado, en cambio ha de obedecer, por encima de que considere una

orden buena o mala. Si no lo hace, es desti-
tuido»[30].

Me costó dejar Tirol; pero debía regresar a Bad
Dürrheim para despedirme. Me gratificó ver como los
niños se apenaban de mi partida. Tuve que prometer
a uno de los pequeños que volvería enseguida; era uno
de los que lloraba siempre que me veía marchar a la
estación, a recibir a alguien. Y me costó decir adiós.
La esposa del Mayor fue cordial conmigo: me los había ganado, aunque no me lo pusieron fácil. ¡Y me dio
50 marcos! ¡El primer dinero que gano en mi vida! En
Ulm, además, iba a coincidir con mi hermano Hans
los quince días de su permiso, después de su campaña
militar en Francia. A principios de octubre él regresa-
ría a Múnich para preparar el examen preliminar en la
Facultad de Medicina.

Y YO AL 'ARBEITSDIENST'

A finales de año, una carta de la Dirección General de Policía me confirmó que debería realizar el Servicio Social obligatorio (*Arbeitsdienst*) en tiempo de
guerra. Sin este certificado no podré matricularme en
la Universidad; así que no me queda otra. Antes de
irme al campamento para hacer el *Arbeitsdienst*, pasaremos las «vacaciones del carbón» (las llamábamos
así porque, por la guerra, se alargaban las vacaciones
de Navidad para ahorrar petróleo) con mis hermanos

Inge, Lisa, Werner y su amigo Otto Aicher en una cabaña en los Alpes. Esquiaremos. Después, Werner embarcará hacia Francia, donde el ejército alemán trabaja en la defensa de las costas.

Han sido unas vacaciones preciosas; nos alimentábamos de té y pan, nos acostábamos tarde y nos levantábamos tarde. Por la noche leíamos juntos un libro de Bernanos, *Diario de un cura rural*, que, por ahora no se puede comprar en Alemania porque el autor es francés. ¡Cómo me gustaría que Fritz lo leyera!

... En el viaje de vuelta –yo me marché dos días antes que los demás– no dejaba de pensar en cuán diferente era nuestro grupo de los otros grupos que vivían en la cabaña. La diferencia estaba, diría yo, en que los demás gastaban su juventud disfrutando del placer, pese a que a menudo tenían cara aburrida. Nosotros, más torpes y menos sofisticados, nos reíamos un montón y teníamos buena intención en todo lo que hacíamos.

16. Cabañas como la que narra Sophie eran y son todavía, frecuentes en el paisaje alpino. Hoy actúan como reclamos turísticos.

1941

¡Fritz ha tenido dos semanas de permiso y las ha pasado en Ulm!... Estos días serán un grato recuerdo con el que afrontar el campamento del Servicio Social que comenzaré en abril. ¡Qué rápido me he acostumbrado a sus detalles de calidez y afecto conmigo!... Es un peligro, también porque, desde que se ha ido, pienso en él continuamente. Busco su apoyo y sé que me quiere. Yo me he enamorado de él por lo bueno que es, por el bien que hace como ser humano. Y esto crea un lazo especial.

Y CONTINÚO CON EL 'ARBEITSDIENST'...

El campamento donde realizo el Servicio Social no me resulta atractivo. Saco todo el tiempo que puedo para leer sin ser vista: Las *Confesiones*, de San Agustín, *la Montaña mágica* de Tomas Mann…; el reglamento nos prohíbe leer, así que yo lo hago de noche, antes de dormir, con una linterna de pilas y tapada con las sábanas. Además, es la mejor manera de no tener que soportar las insulsas conversaciones de mis compañeras: me da pena comprobar que, entre ochenta mujeres, apenas hay una con aficiones culturales; los hombres son su único tema de conversación.

Todo lo que saben hacer es cotillear, hablar de chicos y criticar a la directora. ¿La guerra? Sólo les preocupa si puede afectar a su familia.

Al acercarse la Semana Santa, que en casa siempre habíamos vivido intensamente, he pedido permiso para asistir el Viernes Santo a la iglesia; pero los nazis han suprimido la festividad y es jornada laboral. Por suerte, una de mis amigas ha conseguido que el párroco del pueblecito cercano nos deje la llave de la única iglesia que hay y que es católica. De madrugada, mientras nuestras compañeras duermen, las dos interpretamos a Haendel y a Bach en el órgano de la iglesuela.

«Nos levantamos a las 4 de la mañana para poder ir a la vigilia pascual de la iglesia [católica] de Söflingen. Siento mucha necesidad de vivir la liturgia de esta manera: una verdadera celebración del misterio de Dios y no unas simples palabras del pastor, como sucede en la iglesia evangélica. Voy a tener que acostumbrarme a esta dramatización teatral. Es precisamente este 'espectáculo' lo que ayuda a una persona con fe a vivirla desde la profundidad. Pero no sólo quiero sentirlo, sino también quiero expresarlo e inclinarme ante un crucifijo[31]. Todavía me siento inhibida a mostrarlo abiertamente y sigo sintiéndome dividida, al menos, por ahora».

Así que procuré asistir a la Misa católica todos los domingos, que se celebraba a las 6:30. A esta hora nadie notaría mi ausencia. Y, por supuesto, seguía gozando de la belleza del paisaje en los atardeceres, del recuerdo del Mar del Norte, de las flores, de los ríos, de los prados…

«Querido Fritz,

Esta tarde he pasado media hora en el parque de Krauchenwies. E igual que tú fuiste capaz, hace pocos meses, de encontrar innumerables campanillas, yo he cogido tantas prímulas como he podido. En el parque, las copas de los árboles eran tan bellas a la luz del atardecer, que yo regresé al campamento caminando de espaldas para prolongar la vista que tenía delante. Encima de ellas flotaban las nubes, blancas como plumaje de extraños pájaros y el cielo primaveral y las nubes bajas se teñían de naranja en la puesta de sol. ¡Me hubiera gustado tanto pasear los dos juntos!… ¡Tanto!… ¿Recuerdas el tiempo en que contemplábamos el brillo de las montañas? Este atardecer no pude dejar de pensar en ello y en nuestro viaje al Mar del Norte, en como jugábamos con la arena. Y de nuestro paseo por el Danubio… y de la mala impresión que tu tuviste que llevarte de mí. ¡Que mala persona soy a veces!… Ahora me alegra saber que el próximo febrero tu estarás conmigo y que podremos esquiar juntos. Fritz, estoy contenta

*cuando pienso en ti y en mí y me siento llena de
esperanza»[32].*

Quedaba lejos, pues, el momento en que pensé
que mi relación con Fritz no seguiría adelante. Así se
lo había hecho saber, ya antes de acabar el año 40,
cuando le escribí:

> *«No somos nosotros dos quienes tenemos los
> hilos de nuestra relación, si no nosotros dos y
> Otro, que está por encima de nosotros. Y esta es la
> mejor relación posible»[33].*

El 9 de mayo hemos celebrado mi cumpleaños en
Krauchenwies. Hemos tenido una merienda a base de
fruta y nos hemos hecho alguna fotografía. Pese a que
el régimen del campamento nos «sorprende» con
eventos como éste, lo cierto es que entre nosotras, las
internas, no hay confianza y el trato es, cuando menos
distante y frío. Menos mal que recibo con frecuencia
las cartas de Inge, de Hans y de Werner. Que suerte
tengo de tener estos hermanos ¡Qué ganas tengo de
verlos!... Espero tener pronto un día libre para poder
viajar a Ulm, aunque sea ida y vuelta y estar con los
míos… Además, en agosto termina el campamento y
mi *Arbeitsdienst*… ¡olé!

Fritz me dice que últimamente, se les exige llevar
puesto siempre el uniforme militar. ¡Pronto privarán
a cualquiera de la posibilidad de preservar su alma de

este tozudo espíritu militar que tanto les gusta! ...
¡Vaya capítulo de la historia de la nación alemana!...
La Wermacht, sin embargo, sigue arrasando; esta vez
a la misma Rusia; la invasión de Rusia ha comenzado
a finales de junio; y, por ahora, todo son éxitos para
nuestra infantería. Han caído Minsk, Smolensko...
Fritz ha sido movilizado al frente ruso y me cuesta
mantener el contacto con él.

¡Oh, no!... Es agosto y, en pleno verano, ha llegado un decreto que prolonga el Servicio de Social
obligatorio en guerra, otro medio año más. ¡No me lo
puedo creer!... ¡Todavía no podré incorporarme a la
Universidad!... Por suerte, el día libre que esperaba se
ha convertido en un permiso de trece días, que pasaré
en Ulm. Desde octubre, mi nuevo campamento de
destino estará cerca de Blumberg, en la frontera con
Suiza. Mi misión será paramilitar: como auxiliar de
enfermería cuidaré a los niños de los trabajadores de
las minas de hierro, pues las madres se han incorpo-
rado forzosamente a trabajos de producción indus-
trial. Seré una «auxiliar de guerra».

Allí, cerca de Blumberg, he conocido a una mujer
ucraniana, madre de tres niños. Había huido de Ucra-
nia para evitar la masiva deportación de *kulaks* –pequeños campesinos propietarios– a los campos de Si-
beria. Stalin quería nacionalizar sus tierras y transformarlas en *koljoses* y *sovjoses*: explotaciones y granjas

estatales donde los trabajadores eran asalariados por el estado soviético. Y los propietarios se oponían a esta política. Primero vino la campaña de opinión: los *kulaks* son los únicos culpables de la pobreza y la miseria del suelo ruso, algo que sonaba muy parecido a los argumentos de los nazis contra los judíos. Después, los asesinatos y las requisas de grano, por fin la deportación o el exilio. Ella ha escogido el exilio, como muchos ucranianos famélicos y enfermos que morirían por el camino.

Por otra parte, la campesina es dulce y buena conmigo. Cada día me separa –solo para mí– al menos dos litros de leche fresca, lo cual es de agradecer porque la dieta del campamento es pobre y aburrida. En esto notamos la presencia de la guerra. ¡Qué pena que tenga que cambiar tan pronto de trabajo!...

«Estoy tan cansada que me gustaría irme a la cama ahora mismo y dormir para siempre. En cambio, estoy sentada en la iglesia, donde he venido a tocar el órgano y a estar, simplemente, en la capilla. Me gustaría mucho creer en los milagros. Me gustaría creer que rezando gano fuerzas. Sola, no puedo nada. Tú nos has creado a Tu imagen. Me gustaría como aquel profeta, pedir a Dios una prueba visible de Sí mismo. Me gustaría extenderme como una manta para que Él recoja en ella su rocío»[34].

Por suerte, espero en breve la visita de Hans. Está destacado en Burnnenhof. Trabaja mucho, pero, como es de esperar, ha formado un cuarteto de cuerda y saca tiempo para interpretar a Haydn. Siempre le ha gustado la música. Todavía ahora sigue la programación de los festivales de Mozart y el de Bach en el Tonhalle. Compartiremos experiencias y hablaremos de mi próximo ingreso en la Universidad. Tengo nostalgia de hogar… y de Dios: qué difícil es vivir en medio de esta incertidumbre, entre empujones y gritos, con los nervios rotos con frecuencia: el 60% de los niños que atiendo son hijos de criminales; y ni siquiera esto es capaz de despertar la más leve misericordia en nuestros jefes. Deseo ir hacia Dios; amarle con todas mis fuerzas y, en cambio, me siento tan lejos de El…

Hace algún tiempo que no tengo noticias de Fritz. Tan largo silencio me lleva a pensar que, quizás, nuestra relación no siga adelante por mucho tiempo. Es difícil mantener la calidez sólo por carta. De lo que no dudo es de que nuestra amistad sí será para siempre.

Por fin, ¡carta de Fritz!... Él está ahora en Zagreb y sus cartas llegan, puntualmente, cada semana. A través de ellas veo cuanto me quiere, cómo piensa en mí y qué bien me conoce.

«Querida Sophie:

¿Dónde estarás en este momento, en qué lugar, bajo qué circunstancias y con qué tipo de personas? ¿En medio de qué personas deberás mantenerte fiel a tus principios? Ya sé que te anima pensar que ahora, tienes en mí más apoyo, ya que estamos en el mismo camino de búsqueda del bien. Pero Sophie, no pongas en mí tus esperanzas. En las últimas semanas he comprobado lo débil que soy. En algunos momentos he estado sin asidero, irremediablemente expuesto a cualquier tentación (...) Admiro las Confesiones –de San Agustín– que me has dado a conocer... y, pese a que superan a Nietzsche, aun no me siento todavía capaz de ser cristiano (...). Tengo muchas dudas y puntos por aclarar (...). Pienso en lo que leímos juntos, de Pascal. ¿Dónde estaría yo si no me hubiera dejado llevar por ti? No me avergüenza reconocer que fue una muchacha la que me hizo cambiar casi completamente (...). Si, para no perderte comencé a estudiar religión, a leer a los Padres de la Iglesia, y, en especial a San Agustín»[35].

Fue en verano del 41 cuando, ¡por fin! me llegó la respuesta definitiva a una duda que, años antes, me había llevado a poner el nazismo bajo sospecha. La respuesta a mi inquietud venía de Graf Von Galen, Arzobispo católico de Münster. Explicaba a sus feligreses que:

«He recibido información de que en el curso de esta semana –se habla del 31 de julio– un gran número de pacientes de Marienthal, cerca de Münster, considerados 'compatriotas improductivos', serán transportados al sanatorio de Eichberg y luego, como ya se sabe con seguridad que ha ocurrido con pacientes de otras instituciones, serán premeditadamente asesinados. Puesto que un procedimiento así no sólo viola la ley divina y la ley natural, sino también debe ser castigado como crimen con la pena de muerte según el párrafo 211 del código penal, doy cuenta, como es mi deber, y solicito que se proteja a todos los compatriotas amenazados, con medidas que impidan el transporte y el asesinato y que, posteriormente, se me dé cuenta de las medidas tomadas. Pero no he recibido ningún informe de parte de la Fiscalía, ni de la policía».

Y el sermón del arzobispo continuaba:

«Debemos contar con que estos pobres e indefensos enfermos serán eliminados en breve tiempo… no porque hayan cometido un delito grave, no porque hayan atacado a sus cuidadores y enfermeros, de manera tal que a éstos no les haya quedado otra solución que contraatacar en defensa propia (…). No es por estas razones que estos desgraciados enfermos deben morir, sino

porque según un determinado servicio público, con el beneplácito de una determinada comisión, se han transformado en seres con una vida 'sin valor', puesto que pertenecen a los compatriotas considerados 'improductivos'. Se juzga que no son capaces de producir bienes; son como una máquina vieja que ya no funciona, como un caballo viejo paralítico, como una vaca que ya no da leche. ¿Qué se hace con una máquina obsoleta? Se la reduce a chatarra. ¿Qué se hace con un caballo paralítico, con una res que ya no produce? No, no quiero concluir esta comparación – ¡así de terrible será hacerlo y utilizar su evidencia!

¡Aquí no se trata de máquinas, no se trata de un caballo, o de una vaca, cuya única finalidad es servir a los hombres, producir bienes para los hombres! Ellos se pueden eliminar, se pueden reducir cuando ya no cumplan esta finalidad. ¡No! aquí se trata de seres humanos, de nuestros prójimos, ¡nuestros hermanos y hermanas! Pobres personas, personas enfermas, sí, improductivas, si se quiere. ¿Pero han perdido por eso su derecho a la vida? ¿Tenemos tú y yo derecho a vivir sólo mientras seamos 'productivos', o mientras seamos considerados como tales?

Pobres de nosotros si se llega a aceptar como principio fundamental que está permitido matar a las personas 'improductivas'; ¡pobres de nosotros, cuando seamos viejos y débiles! Si está permitido matar a las personas 'improductivas', entonces, ¡pobres los inválidos, que habiendo entregado sus fuerzas a los procesos de la producción, quedaron ahí mismo inválidos! Si se puede eliminar violentamente a nuestros prójimos improductivos, entonces, ¡pobres de nuestros valientes soldados que regresan del campo de batalla como inválidos, y gravemente heridos!»[36]

Hans me cuenta que las clases en la Facultad de Medicina, en Múnich, han comenzado en Octubre. Me dice que continúa la antigua amistad con Otto; Otto, el compañero de clase de Werner, también lo es de Hans; su amistad con Hans nació porque la Gestapo les detuvo, acusados de pertenecer a movimientos disidentes. Esto era cierto en el caso de Otto, que nunca quiso unirse a las Juventudes hitlerianas; pero Hans estaba todavía en ellas, aunque ya llevaba un cierto tiempo dudando de las bondades del nazismo. La detención de la Gestapo acabó por convencerle de su error y fue precisamente esta experiencia la que le acercó todavía más a Otto.

Antes de ser quintados[37], en Septiembre de este 1941, Otto, Hans y sus amigos, debatían mucho sobre el derecho de resistencia a un régimen que definían como dictatorial. Sus debates no se basaban en los tópicos al uso, pues Otto les descubrió la fuerza del razonamiento de Santo Tomás de Aquino sobre el derecho a la rebelión contra un gobierno injusto. Y, ya en Múnich, fue Otto quien nos presentó a Carl Muth: a Hans primero y después a mí. El anciano periodista, recientemente prohibido por su pensamiento católico, es muy crítico con el nazismo. El trato paternal y el coraje de este anciano han introducido a Hans en las tertulias y discusiones con teólogos y filósofos –como Haeker y Huber–, y escritores contrarios al nazismo, los amigos de Muth.

Hans me dice que, tanto para Otto como para él, Muth es algo más que uno de los representantes del existencialismo católico; es, sobre todo, el centro de un círculo de intelectuales opuestos al nazismo. Su casa es el lugar donde hablar libremente, sin miedo a ser denunciado, tanto de lo que sucede en nuestra Alemania hoy en día, como de los aspectos teológicos y filosóficos que contradicen la ideología nazi. Carl Muth se está convirtiendo, por su pensamiento riguroso y por su ejemplo, en el principal mentor de mi hermano Hans; Muth es quien le ha llevado al convencimiento de que el Evangelio cristiano es, ha de ser, el criterio que oriente todo su pensamiento y todas sus acciones.

Por suerte solo faltan cinco semanas para la Navidad, en que espero tener permiso para regresar a casa y coincidir allí con Hans. Y, si me dejan… en primavera, a la Universidad. No veo la hora de liberarme de esta «camisa de fuerza» que es ser «auxiliar de guerra»; más aún cuando compruebo que, si bien la mayoría de los niños que atendemos son hijos de criminales, nuestros jefes son peores. Sé que debo confiar en Dios, pero no me es fácil; cuando intento rezar me veo tan poca cosa, que la emoción que me domina es el miedo. Yo no me atrevo a pedir nada; y, sin embargo, sé que el único remedio es... rezar. Me parece terrible estar lejos de Dios; todo lo que alguna vez tuve, ha huido de mí: mi espíritu crítico, la lectura, las cartas de mis hermanos.... Sólo me queda la Naturaleza, el cielo, las estrellas y la silenciosa tierra. Entiendo que lo mejor que puedo hacer por alguien a quien quiero mucho, es rezar; si le quiero sinceramente, le amo con el amor de Dios. Ruego que El me conceda amar a Fritz también en su Nombre[38].

Pese a todo, encuentro la vida deliciosa y rica; somos nosotros quien fracasamos en darle un buen uso. Quizás nos convendría ser realmente pobres y así prepararnos para riquezas menos efímeras y entonces, privados de casi todo, quizás nos demos cuenta de que habíamos llenado el corazón de cosas que no valen la pena.

Quizás entonces descubramos que tenemos corazón. He pensado muy poco sobre el purgatorio; quien más me ayuda a comprender su existencia es Sigrid

Undset[39]; ella lo ve como una oportunidad para que el fuego acabe de purificar su alma, tan tozuda e impura. Visto así, me parece otra forma más de la divina misericordia[40].

17. Sophie en los años 40.

1942

Creo que es Maritain quien escribió que «*debíamos tener el corazón dulce y el espíritu fiero»*, fuerte, duro. En estos momentos, la música me está ayudando a experimentar estas emociones. Así se lo he escrito a Otto cuando me ha pedido un breve artículo para su revista. La humanidad padece hambre espiritual y la música puede mitigarlo. Para mí la música es –ni más ni menos– como el aire que mantiene encendida una candela y le permite brillar en la oscuridad. Y, especialmente, Bach. La música me permite desligarme de todo aquello que me mantiene cautiva, y el premio es un corazón liberado, desinhibido, receptivo a la armonía; un corazón[41] abierto a los trabajos de la mente.

He decidido acercarme a la iglesia a rezar cada día para que Dios me perdone. La catedral de Friburgo es realmente bella y me siento a gusto en su interior. Aunque todavía no conozco apenas a Dios y estoy segura de que mis conceptos sobre El son completamente falsos, sé que me perdonará, si se lo pido. Si consigo quererle con toda mi alma, sé que mis errores sobre quién es Él se corregirán. Lo que menos entiendo de Dios es su Amor... Señor, ¡necesito aprender a rezar![42]

> *«Querida Lisa:*
>
> *Te escribo a vuelta de correo para decirte que coincido contigo en que cada florecilla, cada mota de césped ha crecido para mí; incluso puedo creer que cada estrella en el cielo brilla por mí. Siendo tan bien dotados como somos... ¿no deberíamos disfrutar a pesar del dolor que constantemente nos brinda este mundo?... Tenemos tantas evidencias de que vivimos envueltos por un amor que lo abraza todo, que deberíamos ser los más felices de los mortales.*
>
> *Cada día voy de paseo con mis chicas. Han acabado queriéndome tanto como yo a ellas. Son muy pocas las que rompen esta armonía. Antes de marcharme quiero aprovechar todo lo que la primavera ha renovado.*
>
> *Dentro de una semana me voy a casa. ¡No te imaginas cuánto lo deseo!... Escríbeme y dime cuando tendrás tus vacaciones. Que te vaya, muy bien con los exámenes finales»[43].*

¡POR FIN... LIBRE!

Regreso a Ulm y, en mayo, ¡¡¡a la universidad!!! Desde el 1 de abril... ¡soy libre!... He terminado mi Servicio Social y no habrá más prórrogas. Puedo volver a casa y, dentro de un mes, comenzaré mis estudios en la Universidad de Múnich.

«Querida Lisa:
He llegado a Ulm hace apenas una semana.
Estoy trabajando en las cosas de casa y en la oficina de papá. El cambio ha sido grande: ¡volver a conectar con el círculo de amigos de Ulm, después de tanto tiempo de un estilo de vida solitario!...
Hoy hemos madrugado porque es Pascua y queríamos ir a la iglesia de Söflingen: necesitaba este tipo de servicio. Mi problema es que me gustaría arrodillarme; es lo que me piden mis sentimientos ante la grandeza de lo que sucede; pero me da vergüenza; incluso una profunda inclinación ante cualquier imagen de Dios me la da también; así que no acabo de meterme con todo el corazón en la celebración. Ayer por la mañana tuvimos el bautizo de un bebé.
No dejes de conocer a Dieterle, el hermanito de Klaus. Es una preciosidad; a veces viene a la oficina y papá se lo sienta en sus rodillas y habla con él. Su sonrisa es tan dulce como burlona. Es como un rayo de sol que calienta tu corazón»[44].

¡Por fin!... principios de mayo de 1942. En plena Guerra Mundial, comenzaré a estudiar Biología y Filosofía en la Universidad de Múnich. Viviré, provisionalmente, en casa de Carl Muth. Este «jovencito» es quien ha conseguido que yo cambiase mi decisión de estudiar Bellas Artes por Biología y Filosofía.

Hans me había ido a esperar a la estación de tren y aquella misma tarde me presentó a sus otros amigos, alumnos también de Medicina, como él: Alexander Schmorell –de madre rusa y padre alemán– y Willi Graf. Willi había comenzado sus estudios de Medicina en Bonn y había pasado tres meses en prisión preventiva por pertenecer a la *Orden Gris*, una asociación clandestina de jóvenes católicos.

A Alexander, Hans lo había conocido en el Cuerpo de Sanidad Militar, en el verano del 40, cuando ambos compatibilizaban sus estudios de Medicina con prácticas en el frente. La Medicina les une, sin duda; pero sobre todo comparten las veladas de lectura en casa del doctor Hugo Schmorell, padre de Alexander, declarado opositor al nazismo. La madre de Alexander había muerto siendo él niño; su padre volvió a Alemania y el niño creció educado por una niñera que vino con ellos de Rusia y sólo hablaba ruso. Desde entonces, alimentó un sueño: volver a Rusia. Era muy educado, espontáneo, divertido, generoso… verle montar a caballo, un espectáculo de maestría y elegancia. Comparte conmigo la afición por la música y la pintura. Christoph Probst es el cuarto del grupo de amigos de Hans. Se conocieron en casa del padre de Alexander. Pero Christoph estaba ya casado y tenían dos niños, con lo que su presencia era esporádica. El y Alexander se conocían desde niños, practicaban montañismo y esgrima y pasaban juntos parte de sus vacaciones. Christoph aprendió ruso para poder leer a Dostoievski en su lengua. Su padre –reconocido especialista en sánscrito– se suicidó ante el acoso a que le sometieron los nazis por su matrimonio con una mujer judía. Christoph, que había comenzado a estudiar Medicina un poco antes que Hans, estaba casado con Herta Dohrn, hija de un católico a quien los nazis ajusticiarían más adelante. Herta y yo nos hemos hecho grandes amigas.

18. Hans y Sophie Sholl con Christoph Probst

Fue a principios de junio cuando Hans escribió y distribuyó el primer panfleto de la *Rosa Blanca*. Le respaldaban Kurt Huber, catedrático en la Universidad y Theodor Haecker, filósofo y escritor, ambos amigos de Muth. Yo no sabía siquiera que Hans pertenecía –mejor: había creado él– a esta agrupación. Él quería protegerme de cualquier contacto con una organización clandestina, tan peligrosa en tiempo de guerra. Y tardé meses en darme cuenta de que él era el alma de una joven organización clandestina. El folleto llamaba a una «*movilización de cada persona, consciente de su responsabilidad como miembro de la civilización occidental y cristiana... a defenderla lo mejor que cada uno pudiera; a trabajar contra los azotes de la Humanidad, contra el fascismo y cualquier sistema totalitario; a ofrecer resistencia pasiva*»[45].

«Querida Lisa:

Tengo una nueva dirección; en estos momentos estoy alojada en Mandlstrasse, pues dejé la residencia en casa de Carl Muth. Quisiera pedirte un favor ¿podrías prestarnos tu tienda de campaña? Verás: en las tertulias con el Dr. Muth y su círculo de amigos, pasamos horas analizando la triste situación que nos toca vivir: la guerra y lo que la ha hecho posible: el nazismo. Pienso que nos sería muy útil a Hans y a sus amigos, disponer de una 'cama' en el lugar de nuestras reuniones, sin tener que molestar a nuestros anfitriones. Con frecuencia nos dan las tantas de la noche en medio de profundas reflexiones. Cada vez me siento más decidida a actuar –no solo a debatir– por aquello que considero correcto y bulle dentro de mí (...).

!Qué buen hermano es Hans¡... Cada día estoy
más orgullosa de él»⁴⁶.

En vano he intentado zafarme del trabajo obligatorio que todas las muchachas universitarias debemos
cumplir, al menos durante los dos meses del verano,
en las fábricas de municiones. Todo ha sido inútil. Incluso familiares de peces gordos del nazismo deben
trabajar en ellas.

Tampoco Hans, Alexander y Willi han conseguido evitar un nuevo destino militar: el frente ruso.
Antes de marcharse, pude ir con Hans a la Selva
Bohemia y saludar a un amigo del profesor Muth; un
impresionante sacerdote católico confinado en una
pequeña aldehuela por «razones disciplinarias». Pero
no conseguimos traernos de vuelta al viejo profesor;
no se encuentra bien. Las circunstancias actuales le
pasan peaje y la comida en tiempo de guerra es insu-
ficiente. Pediré a mis padres si pueden hacernos llegar
algo de harina para hacer pan blanco; quizás parezcan
asuntos triviales… pero su salud depende de cosas
así. Por la noche, tuvimos velada literaria: Hans leyó
poemas y ensayos a todo el grupo –éramos unos 20–.
Leía en voz alta y con toda la gesticulación necesaria
para ponerle énfasis. Y la verdad es que resultó ser un
gran actor. ¡Cómo nos reímos!... El 23 de julio, Hans,
Alexander y Willi salían en tren desde Múnich,

dirección Stalingrado. Y en la estación nos tomamos esta foto.

19. Fotografía de los hermanos Scholl y sus amigos universitarios, a punto de salir hacer el frente Este de la guerra.

Para entonces yo me creía secretamente enamorada de Alexander. Él era el ideal con quien yo soñaba. Y sufría por doble motivo: por una parte, Alexander no me hacía ni pito de caso; nada, ninguno; yo era, para él, la hermana pequeña que nunca tuvo. Por otra parte, me sabía desleal con Fritz. Él me quería, estaba enamorado de mí; ¿cómo podía hacerle esto?... No era razonable aquella elección; la seducción que en mi ejercía Alexander no tenía nada de lógica… y la tensión entre cabeza y corazón hacía que las lágrimas se asomaran a mis ojos. ¿Cómo era capaz de «traicionar» –así me sentía– a Fritz, cuando él se estaba jugando la vida por protegernos a todos?

PAPA EN LA CÁRCEL

Este mismo verano comenzamos a recibir noticias espeluznantes de la masacre de judíos en Polonia, obra del ejército nazi. Y, a la vez, papá fue arrestado durante meses por haber criticado a Hitler y su gobierno. Estaba hablando con un empleado suyo y comentó que Hitler era un «azote de Dios» y que, si no acababa pronto la guerra, los rusos entrarían en Berlín en menos de dos años. El empleado le delató, y, como mi hermano se había tenido que marchar al frente ruso, a mí me tocó ponerme a trabajar en una planta metalúrgica para ayudar económicamente a mi familia. Yo sabía que si padre no volvía en unos dos meses a casa, tendría que abandonar la universidad. Papa fue condenado a cuatro meses de cárcel, por traición.

«Querido padre:
¡Que contentos estamos todos por haber recibido tu carta!... Nunca tuve miedo de que tu espíritu se rompiera con el castigo que te han impuesto. Estoy convencida de que necesitabas este período –más aún, intuyo que es lo mejor para ti, aunque no soy capaz de formular porque–, aunque en ningún momento he olvidado las palabras que pronunciaron quienes te condenaron. No por

afán de venganza, si no por otras razones de las que tú eres bien consciente.

Mi trabajo en la fábrica me ha convencido del horror que supone gastar toda una vida, a razón de 10 horas diarias, enfrente de estas máquinas que, de forma natural, queman cualquier energía para hacer nada sano. Muchos se sienten infelices. Cierto que todo es peor porque estamos en guerra y espero que, después, las cosas cambien.

Las noticias del frente son invariablemente buenas. Tus amigos nos envían recuerdos; ¡se acuerdan mucho de ti! ¡puedes sentir que no estás solo!... Nuestros pensamientos pueden romper cualquier muro o cualquier puerta. Yo ya he completado otro mes de trabajo mecánico y, en cuanto llegue Lisl nos iremos unos días a una granja solitaria; necesitamos ver la solemne belleza de las montañas, para no dejarnos llevar de la tristeza al ver que muchos han perdido el control de sí mismos, como empujados por un maléfico poder. Las máquinas están adquiriendo un poder demoníaco, que tiraniza a los hombres para ponerles solo a su servicio. Y restaurar el orden natural de las cosas, la relación de los seres humanos entre sí y con la Naturaleza exige un cambio en la actitud mental de buena parte de la humanidad. Estoy deseando respirar aire puro y escuchar el sonido de las campanas; pero renunciaría con gusto a mis vacaciones si con esto pudiera acortarte los días de cárcel que aún te quedan.

Con todo mi amor,
Sophie»[47]

Con frecuencia cada vez mayor, las conversaciones –por carta– con Otto, el amigo católico de Hans, eran más y más profundas.

«Querido Otl:
Estoy Leyendo Schöpfer und Schöpfung. ¿Lo conoces? 'Una teodicea que fracasa en percibir que cualquier tragedia se resuelve no solo en el Cielo y la salvación eterna, sino también en el infierno y el castigo eterno, no justifica nada, ni a Dios'. Estas palabras me han hecho revivir una cuestión abierta desde largo tiempo.

Estoy plenamente de acuerdo con esta afirmación. Mi única duda es: ¿por qué una tragedia puede resolverse en el infierno? ¿Cómo puedo ser yo feliz, si sé que algunos de mis seres queridos son infelices?

Siempre encontré inadecuado –pienso que el error se debe a mi propia incapacidad, a nada más– que Lázaro, en el seno de Abraham, rechazara enviar una sola gota de agua al rico Epulón, que sufría en el infierno: me parece incomprensible. Quizás tú puedas hacérmelo entender.

¿Quizás Lázaro falló en oír la queja del hombre rico? Recuerdo un pasaje del Diario de un cura rural: 'La condenación eterna es el hecho de no ser querido nunca, jamás'. Lo encuentro terrible. Quizás la respuesta solo puede hallarse en la confianza, ya que el infierno es un misterio mucho mayor que el Cielo.

Veo que esta carta está llena de 'quizás'; ¡si tu pudieras eliminarlos!... Aun cuando persista mi duda, no implica una duda de todo mi ser o de mi voluntad. ¿Por qué debería dudar de una Verdad, solo por qué para mi está todavía escondida?[48].

«Siempre que rezo, las únicas palabras que fluyen de mí son: 'Ayúdame'. No puedo ofrecer ninguna otra oración por la simple razón de que estoy lejos de ser capaz de rezar. Así que ruego aprender a rezar.

Esta mañana estaba en casa de los Schmorell, buscando algunos libros en la habitación de Alex (...). Hace unos meses, yo todavía creía que mi cariño hacia él era mayor que el de los demás. Pero... ¡qué falsa era esta ilusión!... Era simplemente mi vanidad, que quería poseer a una persona que, para muchos, valía mucho la pena. ¡Vaya decepción ante mí misma! (...) ¡Qué bonito día el de hoy! Qué maravillosas y bellas son las plantas y los árboles, tan inocentes; pero su vista ya no me hace sentir feliz. Más bien me llena de cierta melancolía. Son un inocente recuerdo de mi culpa; de mi propia culpa»[49].

20. *Sophie Scholl en torno a los años 40.*

Ahora veía con claridad que Fritz era –y ha seguido siendo– mi único amor. Y yo intentaba ser un apoyo fuerte para él, tan lejos de mí y en un frente de guerra tan peligroso.

«Querido Fritz:

Recibí tu carta hoy y te la agradezco de todo corazón. Deseo que puedas apoyarte en mí en las discusiones que a menudo te obligan a sostener tus hermanos oficiales (...). ¡Cuando dicen que la Naturaleza es buena porque fue creada por Dios, olvidan que el hombre –y toda la Naturaleza con él– cayó después de la Creación que Dios había calificado de 'muy buena'! ¡Cuán fácilmente quieren juzgar a Dios!... Nunca, jamás me ha parecido bien que un poderoso ejército ataque a un país más débil. Ni siquiera el peor de los hombres puede ver bien una cosa así. La supremacía de la fuerza bruta implica que el espíritu ha sido destruido o, al menos, se ha perdido de vista. ¿Es esto lo que quieren quienes discuten contigo? ¡Qué perezosos pensadores y qué devaluada visión de la vida y de la muerte!... ¡Sólo la vida engendra vida!... O ¿es que han visto alguna vez una mujer muerta dando a luz un hijo? (...) ¿Cómo no se dan cuenta de lo absurdo del lema: 'la muerte engendra vida'? Este exclusivo interés en su propia autodefensa les conducirá a su autodestrucción. No saben ni palabra de que sólo el espíritu ha vencido la ley del pecado y de la muerte»[50].

Llegó otoño y con él el frio. Volvieron las coronas de Adviento, hechas con ramas de abeto que cogíamos en los campos y, mientras las colgábamos del vestíbulo de casa, cantábamos villancicos. Pasaban los días sin carta de Fritz; día tras día yo regresaba de la oficina de correos con las manos vacías. Estaba decepcionada pero no descorazonada; sabía que estaba muy ocupado y que el frente ruso era especialmente duro. Pensaba a menudo en el trabajo que Fritz quería hacer una vez acabada la guerra: una granja de cría de caballos; a mí no me parecía mal, aunque me inclinaba más bien por una granja tradicional. De todos modos, estaba segura de que él iba a triunfar, hiciera lo que hiciera. Con mucha frecuencia todos los que estaban conmigo le enviaban recuerdos llenos de cariño.

En casa esperábamos la pronta llegada de Hans y sus amigos desde el frente ruso. Venían a pasar la Navidades con la familia; viajaron en tren en un viaje largo y lleno de dificultades; después nos contaron que Will Graf, en la estación de Brest Litovsk regaló cigarrillos a unos rusos y estuvo a punto de ser apresado. El 6 de Noviembre llegaban a Múnich y Hans entraba en casa al día siguiente. Para Hans serían unos días de relativa normalidad, libre de la constante amenaza de miedo y muerte que soportaba en el frente. Me apresuré a compartir con Fritz esta alegría.

«Querido Fritz,
Hans ha llegado de Rusia esta noche. Estoy contenta. Me figuro los ratos que pasaremos juntos en nuestro modesto apartamento de Múnich. Volverán los tiempos productivos. Pero no consigo estar del todo feliz. No consigo olvidar ni por un momento del día ni de la noche, la incertidumbre en que vivimos estos días, que me impide hacer planes tranquilos y llena de sombras los días por venir (...). Hemos de examinar cada palabra antes de hablar y evitar el mínimo sesgo de ambigüedad. La fe en la gente se ha convertido –a la fuerza– en

desconfianza y precaución. A veces me siento exhausta, descorazonada. Pero ¡no!... ¡No dejaré que trivialidades como ésta dominen mis nervios, mientras sé que estoy en posesión de una alegría inagotable!... Y siento que la fuerza fluye cuando pienso en ellos. Pero, por otra parte, hace tiempo que no tengo noticias tuyas y me lleno de todo tipo de presentimientos.

Quisiera volver a pasear contigo por los bosques o por cualquier lugar; pero esto no es más que una perspectiva remota... si no inalcanzable (...)»[51].

«Ni te imaginas cuantos miedos y conjeturas aparecen durante el largo tiempo de espera de tus cartas. No puedo atribuirlo a tu pereza en escribir (...). Estoy contenta de saber que has decidido vencer el aburrimiento que infectaba tu trabajo y tu aislamiento. Si yo pudiera, redoblaría mis esfuerzos para armarte contra una potencial apatía y deseo que mi recuerdo sea para ti un permanente incentivo a resistir.

Si pudieras ir a la Iglesia y comulgar. ¡Qué fuente de consuelo y de fuerza puedes encontrar ahí! El único remedio para un corazón estéril es rezar, aunque sea de modo pobre e inadecuado (...). Y voy a continuar repitiéndotelo: debemos rezar el uno por el otro y, si estuvieras aquí, cogería tus manos entre las mías, porque somos pobres, débiles, pecadores, niños.

Estoy tan lejos de Dios que, ni siquiera cuando rezo, siento su Presencia. A veces, cuando pronuncio su nombre, siento que me hundo en el vacío. No es una sensación de miedo ni de mareo. Es algo más terrible. Pero sólo puedo rezar y, aunque mis diablos interiores me circundan tratando de impedirlo, saltaré y agarraré con mis manos insensibles la cuerda que Dios me lanza en Jesucristo.

Por favor, recuérdame en tus oraciones. Yo no te olvido»[52].

La injusta prisión de papá vino acompañada de otra mala noticia: era depurado de su profesión, por ser políticamente «desafecto». Aunque la noticia no nos cogió por sorpresa, teníamos esperanza en una carta firmada por los mejores clientes de mi padre; pero el Partido Nazi no cedió. En adelante trabajaría solo como bibliotecario, con un salario que no bastaba para atender su numerosa familia y con dos hijos mayores en la Universidad. La noticia nos llegó cuando Hans y yo estábamos todavía en Ulm, pocos días antes de irnos a Múnich para recomenzar las clases en la Universidad.

Fue la gota que colmó el vaso. Habíamos oído que, años antes, el Papa Pio XI había llamado al nazismo «*la mentira hecha carne (...). No hay definición más breve, más precisa, más adecuada*». Pero nosotros no éramos católicos y nos había costado mucho tiempo comprobar la verdad de palabras como estas, que, en un principio, no creímos. Ahora, empezábamos a experimentar que si eran ciertas. Como diría el general Jodl[53]: «*Era un gran hombre, pero un hombre infernal*». Porque «*¿Qué hay de comparable al fenómeno hitleriano? En el espacio de doce años un hombre que no era un estratega ni un político excepcional, que sólo disponía de la fuerza frenética de médium, pudo, él sólo, alucinando a todo un pueblo, lo que en revoluciones anteriores hubiera requerido la cooperación de varios genios excepcionales. Hitler hizo lo que habían hecho juntos Rousseau, Mirabeau, Robespierre, Bonaparte*»[54].

Además, en aquellas fechas ¡yo debía trabajar en una fábrica… de armas!... Un trabajo que me parecía tedioso, repetitivo, impersonal… un trabajo de esclavos; un trabajo que «*incluso un mono amaestrado, por más que sea estúpido, podría hacer*». Pero el régimen lo imponía a todo estudiante, si quería mantener su plaza en la Universidad.

HANS VUELVE A LA UNIVERSIDAD

Las vacaciones de Navidad acabaron el 5 de Enero y el 6 recomenzaban las clases en la

Universidad. Habíamos vuelto ya a Múnich y, un día, en uno de los pasillos de la Facultad percibí un ambiente excitado. Mis compañeros se habían arremolinado en torno a unos panfletos que alguien había mecanografiado trabajosamente. Con discreción, levanté uno, me encerré en el baño y lo leí con avidez. Leía con la emoción de lo prohibido y ante la evidencia que alguien había escrito lo que pasaba de verdad en su país, lo mismo que yo pensaba; por fin, alguien se había animado a decirlo. De pronto, el paisaje parecía menos desértico. Doblé el folleto y lo escondí entre mis ropas. Cuando llegué a casa, rebuscando en unos poemas de Schiller, encontré unos párrafos subrayados: eran exactamente los mismos que aparecían en el panfleto. Se lo conté a Hans, mi hermano, que, en un principio, intentó disimular, pero al llegar Alexander y Christoph tuvieron que reconocerlo: lo habían escrito ellos. Me entró miedo, pero lo vencí; desde entonces empecé a colaborar activamente con la *Rosa Blanca*; era la única mujer del grupo.

1943

STALINGRADO

21. Con más de 2 millones de víctimas militares y civiles en ambos bandos, la batalla de Stalingrado fue la más sangrienta de la guerra y la primera derrota importante del ejército alemán.

Desde que había regresado a la Universidad, a veces, cuando estaba sola, me sorprendía una intensa melancolía y el deseo de no hacer nada en absoluto. Cogía un libro sin ganas, como si fuera otra persona la que lo estuviera leyendo… Cualquier dolor, incluso si solo fuera físico, sería infinitamente preferible a este vacío[55]. De hecho, apenas escribía cartas a mi familia o a mis amigos… me resultaba difícil concentrarme; las ideas iban y venían por mi cabeza, sin orden ni concierto. Así se lo conté a Otl, y a Lisa en las pocas cartas que fui capaz de escribir.

La verdad es que las noticias que nos llegaban del frente ruso inundaban mi alma de desconcierto: tristeza y alegría se confundían pues las continuas derrotas de nuestro ejército eran la confirmación de que le quedaban pocos días de vida al «Reich de los mil años». Hitler –decíamos en la *Rosa blanca*– estaba cavando su propia fosa en Stalingrado. Pero, por otra parte, el sufrimiento causado era inmenso, insoportable, y su carga me hundía en una depresión profunda. El 17 de enero me llegó carta de Fritz; Su batallón había sido barrido y él esperaba ser capturado... o ejecutado. Después de pasar semanas a cielo abierto, con temperaturas de menos 30 grados, sus dedos se habían congelado. Sentía que el final se nos estaba acercando por momentos, cuando recibí llamada de la familia de Fritz: estaba ingresado; había perdido dos dedos de su mano y quizás habría que amputar también el talón, ¡pero estaba vivo!...

La derrota de la Wermacht en Stalingrado fue un revulsivo para una Alemania exhausta, aterrada, avergonzada; de los 420.000 soldados alemanes que entraron en combate sólo sobrevivieron 90.000. Eran jóvenes, como Fritz...; mi alma se llenaba de oscuridad hasta que supe que había sido evacuado al hospital de

Lvov. Allí, el día de su cumpleaños, el 4 de febrero, le amputaron los dos dedos congelados. Parecía que estábamos más cerca que nunca del final. Pero, a la vez, la mochila de sufrimiento que cada uno de nosotros arrastrábamos, nos hundía en un sentimiento de ansiedad, angustia, tristeza… ¿quién no experimentaría una tristeza infinita en medio de tanto dolor? Este mismo día, Hans y Alexander comenzaban a pintar en las paredes de la Universidad lemas contra Hitler «*¡Libertad!*» «*¡fuera Hitler!*».

El Ministerio del Interior prometió una recompensa al personal de la Universidad que encontrara a los autores de las pintadas[56]. En los primeros días de febrero dejé Múnich para ayudar a mi madre, enferma, en Ulm. Al volver a la Universidad, retomé los viajes rápidos a otras ciudades que, desde el inicio de mi colaboración con la *Rosa Blanca,* venía haciendo. Por mi aspecto de niña inofensiva, –«*¿Quién iba a sospechar de una chica tan mona?*», decía Hans– me encargaron trasladar propaganda del movimiento a otros puntos y conformar células a nivel nacional. La gran cantidad de copias que enviábamos, podía dar la impresión de que *La Rosa Blanca* era una organización mucho más grande de lo que en realidad era. Y la Gestapo pronto comenzó a seguirnos la pista.

«Querido Fritz,

Espero que la información que tu madre nos dio sobre tu teléfono sea suficiente. Si es así, pronto tendrás más noticias nuestras. En primer lugar, bienvenido a casa después de estar tan lejos de nosotros y por tanto tiempo. Ahora siento nuestra próxima reunión como distinta a todas las anteriores. Es como si los miles de planes que había hecho y la guerra estropeó, ahora reverdecieran como una jungla de flores después de un aguacero cálido y escandaloso.

Mis manos están entumecidas de tanto retorcer ropa mojada, recién lavada; estoy en casa ayudando a mama y a Inge, las dos algo enfermas. Y el próximo domingo tenemos un bautizo; probablemente no sabías que durante unos cinco meses hemos acogido en casa a una mamá que acaba de dar a luz.

En cuanto puedas, escríbeme para darme tu dirección exacta y, si lo sabes ya, dime cuando vas a poder viajar o si, al contrario, yo puedo acercarme a verte.

Discúlpame por mis cantos de alegría. Espero que no te hayan cansado. Ponte bien, ¡pronto! Todo mi amor, Sophie»[57].

El 16 de febrero, escribía a Fritz, la que —sin saberlo— iba a ser una de mis últimas cartas:

«Querido Fritz,

Sólo unas breves líneas antes de salir para clase. Creo que ya te he dicho que he estado unos días ayudando en casa. Estar en casa siempre me hace bien, aunque no tenga mucho tiempo para mis actividades, sólo con ver lo contento que está mi padre cuando llego y lo abatido que se queda cuando me voy, y como mi madre muestra su preocupación por mí de mil maneras distintas. Hay algo maravilloso en un amor tan altruista. Lo veo como una de mis mejores bendiciones.

Los 150 kilómetros entre Ulm y Múnich me han cambiado con rapidez, cosa rara en mí. Me han convertido en una mujer independiente y reservada frente a la niña apasionada que era (...). ¿Cómo estás tú? Han pasado dos semanas desde tu última carta desde Stalingrado y me siento un poco insegura al escribirte porque no sé cómo están las cosas por allá y que emociones puedo mostrarte. Pero, tranquilo, nunca hay nada que no sea amor y gratitud...»[58].

Justo este mismo día se había impreso el último folleto de la *Rosa blanca,*

«¡Estudiantes!... ¡Hombres y mujeres!... Golpeados, rotos, nuestra gente sufre la pérdida de sus hombres en Stalingrado. 330.000 jóvenes alemanes han sido conducidos a la muerte y a la

destrucción, sin piedad e irresponsablemente.
Führer, te lo agradecemos!!!![59]

«Nada es tan indigno de una nación como el
permitir que sea gobernada sin oposición por una
casta que ha cedido a los bajos instintos... La ci-
vilización occidental debe defenderse contra el
fascismo y ofrecer una resistencia pasiva antes de
que el último joven de la nación haya derramado
su sangre en algún campo de batalla» (...).

«El nombre de Alemania estará deshonrado
para siempre, si su juventud no se levanta, toma
venganza, aplasta a sus verdugos y dota a Europa
de un nuevo espíritu»[60].

Y, SI HANS ES SENTENCIADO A MUERTE...

Antes de salir de Ulm para regresar a Múnich,
tuve tiempo de poner unas breves líneas a Fritz:

«Ayer compré un maravilloso ramo de flores
lilas, lo tengo puesto encima de la mesa, junto a la
ventana. Me alegra la vista y deseo que vengas an-
tes de que se marchiten. ¿Cuándo vas a venir?»[61]

Fritz ¡me contestó enseguida!... ¡Qué pocas veces
nos pasaba esto!...

«Mi querida Sophie,

Te agradezco mucho que me hayas escrito tan rápido, aunque probablemente no hayas recibido todavía mis cartas. Me haces mucho bien con ellas. De nuevo he recibido hoy tu saludo, primero cuando cayeron en mi regazo los pétalos de color lila. Y, como tenía tu carta entre las manos, y el sol brillaba y calentaba a través de la ventana, era como si la primavera regresara a mí –o por lo menos su anuncio– y una gran ilusión por que llegue. Y si no tengo que regresar al frente demasiado pronto o sin vacaciones, disfrutaremos de la primavera juntos...»[62].

Al llegar a Múnich Hans me contó que, desde hacía unos pocos días, contaban con una fotocopiadora nueva y, por tanto, con una capacidad de difusión mayor que al inicio; sus planes consistían dejar gran cantidad de números en las puertas de aulas de distintos institutos, en las escaleras, en el guardarropa… Dos días después, comencé a repartir los folletos por los pasillos y escaleras de la Universidad. Y se me ocurrió subir hasta lo alto del atrio de la Facultad de Medicina para lanzar los últimos folletos que aún me quedaban.

Un conserje, miembro del partido Nazi, me vio, cerró las puertas del edificio y nos encerró a mi hermano y a mí, mientras llamaba por teléfono a agentes de la Gestapo. El primer paso fue detenernos e interrogarme, pero logré que el interrogador se compadeciese de mí: yo era muy joven y, en un primer momento, pensé que estaría salvada.

22. Busto de Sophie Scholl cerca del lugar donde fue descubierta y delatada, en la Universidad Ludwig Maximilian de Múnich.

En cambio, Hans fue detenido e interrogado de manera brutal. Entonces, entendí lo que esto significaba: *«Si mi hermano es sentenciado a muerte, no puedo obtener una sentencia más leve porque soy tan culpable como él».*

Dos días más tarde, a pesar de que ambos asumimos toda la culpa para proteger así a nuestros amigos, tras registrar nuestro domicilio, la Gestapo tenía pruebas más que suficientes para dar caza a todos los miembros de *La Rosa Blanca*... No les costó mucho: éramos los seis de Múnich y unos pocos más en provincias…. Y junto con Christoph Probst y los otros tres que completaban el minúsculo grupo, quedamos detenidos hasta que se celebrara el juicio y se dictara sentencia.

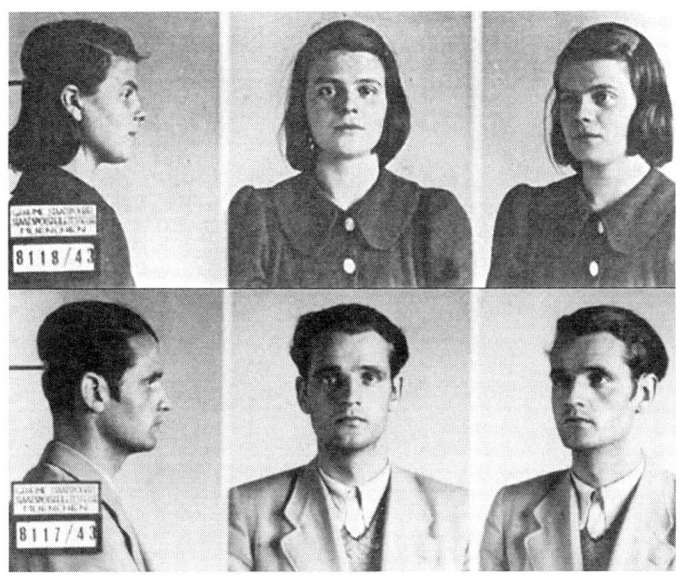

23. Fotografías de los hermanos Scholl, con motivo de su detención y fichaje por la Gestapo.

Y aquí estoy, en la cárcel esperando mi juicio. Con frecuencia, se me vienen a la cabeza hechos y días de mi vida pasada. Y recuerdo los versos de Novalis que aprendí en mis días de escuela, en la placidez de aquel Ulm de mi infancia:

«*Ahora sé cuándo será la última mañana -cuándo la Luz dejará de ahuyentar la Noche*

y el Amor- cuándo el sueño será eterno y será so-
lamente una Visión inagotable, un Sueño. Celeste
cansancio siento en mí: larga y fatigosa fue mi pe-
regrinación al Santo Sepulcro; pesada la cruz. La
ola cristalina, al sentido ordinario imperceptible,
brota en el obscuro seno de la colina, a sus pies
rompe la terrestre corriente y, quien ha gustado de
ella, quien ha estado en el monte que separa los
dos reinos y ha mirado al otro lado, al mundo
nuevo, a la morada de la Noche –en verdad–, éste
ya no regresa a la agitación del mundo.
Tú me has anunciado la Noche: ella es ahora
mi vida –tú me has hecho hombre–. Que el ardor
del espíritu devore mi cuerpo, que, convertido en
aire, me una y me disuelva contigo íntimamente y
así se haga eterna nuestra Noche de bodas».

En estos últimos días, la Gestapo ha colocado en
mi celda a una prisionera política alemana; es comunista; se llama Elsa Gebel y debe espiarme con la intención de obtener más nombres de miembros del
grupo. Pero Elsa no proporcionará información alguna.

Le he explicado cómo ha ido mi primer interrogatorio, este jueves, 8 de febrero; ha durado 8 horas y
Elsa ha estado esperando despierta a que regresara; le
he dicho que he mentido tanto como he podido pero,

al final, he cedido. Las pruebas eran demasiado evidentes.

El viernes, el interrogatorio ha durado todo el día; me han tenido sin comer, solo con café. El sábado, nuevo interrogatorio.

Elsa dedica algunas horas a trabajar en la oficina de la cárcel; y esta noche ha sabido que han apresado a un nuevo estudiante; cuando me ha dicho el nombre, me he hundido; es Christoph... padre de un niño pequeño y a la espera de otro a punto de nacer.

A primera hora de la tarde han venido a comunicarme que mañana, a las 15 horas seré juzgada. Sabíamos que la sentencia estaba dictada de antemano y, en cuanto se ha ido el emisario, nos hemos tendido sobre nuestras camas. Al ver el resplandor en el cielo sólo he podido comentar... «¡Que día tan bonito!... Y pensar que yo debo morir... Pero no importa mi muerte si, con ella, muchos hombres han abierto sus ojos». Y he pedido a Elsa que, tras la guerra, escriba a mis padres para hacerles saber que los últimos días de la vida de su hija le habían cambiado su forma de pensar y marcado para siempre...[63].

ÚLTIMOS MOMENTOS

Los hermanos Scholl y Christoph Probst fueron los primeros en comparecer ante el Juez Supremo del Tribunal del Pueblo de Alemania, Roland Freisler, que les acusó de alta traición. Su padre, Robert Scholl, recién llegado de Ulm, intentó intervenir en su defensa. Pero fue obligado a abandonar la sala.

En el último interrogatorio, Freisler preguntó a Sophie:

«¿No ha llegado al convencimiento, después de esas conversaciones, de que su modo de actuar y de comportarse con su hermano y con otras personas, especialmente en la fase actual de la guerra, ha de verse como un crimen frente a la sociedad y en particular frente a las tropas que están luchando tan encarnizada y duramente en el Este, que ha de ser castigado del modo más duro posible?»

La respuesta de Sophie fue contundente:

«Desde mi punto de vista he de responder negativamente. Sigo siendo de la opinión de que he hecho lo mejor que podía para mi pueblo. Por tanto, no me arrepiento de mi modo de actuar y estoy dispuesta a asumir las consecuencias que se deriven de mi actuación».[64]

Poco después, Hans y Sophie pudieron despedirse, personalmente, de sus padres. Sophie sonrió siempre, hasta que cruzó la puerta de regreso a la celda. Aceptó de buen grado y alegremente los dulces que Hans había rechazado. «*Oh, sí, los tomo con gusto, todavía no he comido*». Su madre, entre lágrimas le dijo: «*Sophie, ya no te volveré a ver entrar por la puerta de casa*».

«*¡Que importan estos poquitos años, madre! Nos encontraremos en la eternidad!...*»[65] Y les recordó lo que su padre les repetía siempre: «*lo que quiero para vosotros es que viváis con rectitud y libertad de espíritu, sin importar lo difícil que resulte*»[66].

Después, sola en su celda, rompió a llorar. Y a su novio Fritz, todavía convaleciente de sus heridas en el frente ruso, le escribió la que sería su última carta, que nunca llegó; fue archivada junto con su expediente:

«*Querido Fritz,
No sé dónde estás. Hasta hoy no te he podido escribir. Hubiera desobedecido a Robert Mohr, un funcionario de la Gestapo. Cuando vengas a Múnich, yo ya habré muerto. He resistido a Hitler porque no soy capaz de aceptar su manipulación a la gente. Hoy es mi último día. Algún día*

Alemania será libre, mi amor. Me gustaría hablar contigo sobre mis sentimientos. Te quiero».

«Voy a ser ejecutada. Será horrible para ti. Estoy triste pero no me siento desgraciada. Durante el juicio he plantado cara al juez y he dejado avergonzados a todos los oficiales nazis del tribunal. Estos idiotas dicen que pronto ganarán la guerra. ¡No han estado en el frente oriental! He expuesto las razones de mi resistencia: 100.000 judíos polacos asesinados, junto a miles de deportados franceses, polacos, soviéticos, daneses, checos... Gentes que no tienen culpa de nada, pues la culpa es de Hitler y sus nazis».

«En La Rosa Blanca he aprendido que se debe luchar para ser libre. Nada es gratis. Cuando el conserje nos detuvo a Hans y a mí con el maletín vacío, supe que era el final. Quiero que seas valiente. Contigo he pasado los momentos más bonitos de mi vida. Nunca olvidaré tu valía. Ahora no puedo encontrar las palabras adecuadas. Me has hecho afortunada. Te quiero para siempre. He visto a mis padres por última vez. Me gustaría que quedases con ellos y no dudes que mi lucha es lo mejor que he hecho. Te quiero hasta la eternidad. Tu Sophie»[67].

Sophie y Hans fueron decapitados pocas horas después de haberse dictado la sentencia. Ella aún no había cumplido los 22 años; Hans tenía 24. Habían solicitado la atención de un sacerdote católico, pero, al ser protestantes, les fue denegada y les atendió un pastor luterano. El verdugo comentó más tarde que nunca había visto morir a nadie así[68].

LOS DEMÁS MIEMBROS DE LA ROSA BLANCA

Extrañamente, a los Scholl y a Probst se les permitió compartir varios minutos a solas antes de que se cumpliera la sentencia. Hans comentó *«Vamos a hacer el último viaje juntos»*. Poco después era ejecutado Christoph Probst, que se mostró en todo momento sereno, pese a que su esposa acababa de dar a luz a su tercer hijo. Christoph, había pedido ser bautizado dentro de la Iglesia Católica, recibir la Comunión y la Ultima Unción, y se despidió de sus amigos con estas palabras: *«Dentro de unos minutos, nos reuniremos en la eternidad»*. Dos días antes había escrito a su madre:

«Te agradezco que me hayas dado la vida. Si reflexiono, veo que toda ella ha sido un camino hacia Dios. Yo os precederé con un pequeño salto y os prepararé un recibimiento magnífico».

Y a su hermana Angelika:

«No imaginaba que morir fuera tan fácil. Me muero sin odio. No olvides nunca que la vida no

es más que un crecimiento en el amor y una preparación para la eternidad»[69].

Los otros miembros del grupo: Alexander Schmorell y Kurt Huber fueron decapitados durante aquel verano. Durante mucho tiempo se pensó que la motivación para actuar en la Rosa blanca, por parte de Alexander Schmorell había sido puramente política, no religiosa. La última carta a sus padres modifica esta percepción.

«No ha podido ser de otro modo. Por voluntad de Dios, hoy acabará mi vida terrena y entraré en otra nueva que nunca acabará, en la que nos volveremos a reunir todos. Este es vuestro consuelo y vuestra esperanza. Para vosotros el golpe es más fuerte que para mí, pues me voy, consciente de que he servido a mis firmes convicciones y a la verdad (..). Dentro de pocas horas pasaré a mejor vida, me encontraré con mi madre y no os olvidaré. Pediré a Dios que os de consuelo y serenidad. ¡Y os esperaré! Os pido sobre todo una cosa de todo corazón: ¡No os olvidéis de Dios! Vuestro Shurick»[70].

Willi Graft fue ejecutado en Octubre. La Gestapo le torturó e interrogó, a la espera de obtener datos de amigos y miembros de la Rosa Blanca. No consiguieron nada. En su última carta, a sus padres y hermanas, les decía:

> «*En el día de hoy me despediré de esta vida para dirigirme a la eternidad. Lo que más me duele es causaros este dolor, pero sé que encontraréis consuelo y fuerza en Dios. ¡Perdonadme y rezad siempre por mí! ¡Conservad un buen recuerdo! El amor de Dios nos sostiene y nosotros confiamos en su gracia y en que será un juez bondadoso*»[71].

Amigos y colegas de la *Rosa Blanca*, aquellos que habían ayudado a preparar y distribuir los folletos, así como recaudado dinero para la viuda e hijos pequeños de Probst, fueron sentenciados a penas de prisión entre los seis meses y los diez años. No obstante, la organización continuó operando: elaboró un séptimo panfleto y aumentaron las células clandestinas.

24. Tumbas de Sophie y Hans Scholl y la de Christoph Probst, en el cementerio de Perlach. El cementerio se encuentra junto a la prisión de Stadelheim, donde fueron ejecutados los miembros de la Rosa Blanca.

EPÍLOGO

La valentía de los hermanos Scholl hoy es admirada y apreciada. El Premio de los Hermanos Scholl es un galardón literario de prestigio en Alemania. Para muchos niños y estudiantes la historia de la «Rosa Blanca» resulta fascinante. Así lo percibe Franz J. Müller, uno de los últimos sobrevivientes del grupo, cada vez que se encuentra con jóvenes: *«hay una profunda admiración por los que nosotros hicimos, aunque Sophie y Hans nunca quisieron convertirse en héroes. La amistad y la libertad fueron para ellos los valores más importantes».*

De hecho el nombre de los hermanos Scholl puede encontrarse en más de 600 calles y 200 plazas de ciudades alemanas.

25. Monumento a la Rosa blanca en Múnich.

26. El primer ministro del Land de Baviera, Markus Söder, deposita una corona de flores durante una conmemoración con motivo del cincuentenario de la ejecución de la joven antifascista Sophie Scholl, en las escaleras de la Universidad Ludwig Maximilian en Múnich.

27. Sello conmemorativo del 93 aniversario del nacimiento de Sophie Scholl.

El galardón más significativo es la inclusión de los bustos de Sophie y Hans Scholl en el Walhalla: el lugar donde se hallan los muertos ilustres que, para la mitológica nórdica, eran los valientes guerreros caídos en combate, seleccionados por las valquirias.

28. Retrato de Sophie Scholl en el Wallhala.

Así, junto a nombres como Carlos I de España y V de Alemania; artistas como Durero, Hans Memling, Jan Van Eyck, o Rubens; Músicos como Beethoven y Mozart, científicos como Keppler o Copérnico comparten espacio los bustos de Sophie y Hans Scholl.

La vida de Sophie ha sido llevada dos veces al cine:

1. *La rosa blanca: Hans y Sophie Scholl*, M. Verhoeven, 1982.
2. *Sophie Scholl, los últimos días,* Oscar de plata al mejor director (Marc Rothenmund) y a la mejor actriz (Julia Jentsch), (Berlín 2005).

BIBLIOGRAFÍA

La mayor parte de escritos originales que se aportan en este libro proceden de la compilación de Cartas y Diarios de Hans y Sophie Scholl, publicadas en H. SCHOLL, et al., *At the heart of the White Rose: letters and diaries of Hans and Sophie Scholl,* Plough Publishing House, Walden, New York 2017.

Otros proceden de J. R. AYLLÓN, *Sophie Scholl contra Hitler,* Palabra, Madrid 2016. Junto con S. MARTÍNEZ-MARKUS, *Sophie Scholl: viva la libertad!,* Casals, Madrid 2009, son las dos únicas biografías en lengua española.

R. M. ZOSKE, *Sophie Scholl: Es reut mich nichts,* Ullstein, Berlin 2020, es una breve biografía publicada hasta la fecha sólo en alemán. Pese a que el autor es experto en *la Rosa Blanca,* la breve biografía de Sophie parece un tanto discutible.

Los 7 panfletos que la Rosa Blanca logró lanzar –el séptimo, ya ejecutados sus primeros miembros– fueron publicados por I. SCHOLL Y R. SALA ROSE, *Los panfletos de La Rosa Blanca,* Galaxia-Guttenberg, Barcelona 2006.

BIBLIOGRAFÍA

De los libros en español sobre la Rosa blanca, destacamos J. M. GARCÍA PELEGRÍN, *La rosa blanca: los estudiantes que se alzaron contra Hitler,* LibrosLibres, Madrid 2006.

De las múltiples páginas web que contienen una biografía de Sophie en orden cronológico destacamos:

- Personajeshistoricos.com
- Biteproject.com

NOTAS

[1] Palabras del coronel Hans Haefen informando sobre el discurso de Ebert el 6 de noviembre de 1918, traducción nuestra de I. MATHESON, *People and power: Germany 1918-1939*, London 1999, p. 4.

[2] Asociación Internacional de trabajadores, que, a diferencia de la I y la II, dependía del Partido Comunista de la Unión Soviética, (PCUS) recién fundado.

[3] Nombre de la III AIT, creada por Lenin y dependiente completamente de la URSS.

[4] Texto traducido de I. MATHESON, *People and power: Germany 1918-1939*, o. cit., p. 25.

[5] Cfr. https://biteproject.com/sophie-scholl/.

[6] Diario de Josef Goebbels, 18 de marzo 1932. Texto traducido de I. MATHESON, *People and power: Germany 1918-1939*, o. cit., p. 45.

[7] Se refiere al Tratado de Versalles, uno de los que puso fin a la I Guerra mundial en junio de 1919.

[8] La unión de Alemania y Austria en un único estado.

[9] Extraído de *Mein kampf*, Mi lucha, obra escrita por Hitler en 1924, desde la cárcel.

[10] A. HITLER Y N. H. BAYNES, *The speeches of Adolf Hitler, April 1922-August 1939: an English translation of representative passages*, New York 1981

[11] G. VON LE FORT, *La corona de los ángeles*, Madrid 1998.

[12] Cit. https:// En catechism.cph.org.

[13] S. ZWEIG, *El mundo de ayer: memorias de un europeo*, Barcelona 2002

[14] Ibid.

[15] Ibid.

[16] Es el himno del Partido Nazi.

[17] Encíclica: Carta dirigida a la jerarquía católica, en primer lugar, y a todos los fieles católicos, donde el Sumo Pontífice expone ideas sobre fe, moral, grandes realidades humanas, dentro de su Magisterio Ordinario.

[18] Carta de 5 septiembre de 1939. Todas las Cartas que se citan proceden de H. SCHOLL, et al., *At the heart of the White Rose: letters and diaries of Hans and Sophie Scholl*, Walden, New York 2017.

[19] Carta de 8 de julio de 1938.

[20] Este poema ha tenido muchas atribuciones –a Bertol Bretch, entre otros– y tiene distintas versiones. Comenzó a circular en torno a 1950.

[21] Carta de 6 de Octubre de 1939.

[22] Carta de 19 de Septiembre de 1939.

[23] Carta de 6 de Octubre de 1939.

[24] Carta de 28 de Noviembre 1939.

[25] Carta de 28 de junio 1940.

[26] Carta de 1 de julio de 1940.

[27] Carta de 21 de julio de 1949.

[28] Carta de 8 de agosto 1940, p. 92.

[29] Carta de 11 de agosto de 1940 p. 93.

[30] Carta de 19 de agosto de 1940.

[31] El Crucifijo es un signo católico, pues los protestantes sólo usan cruces sin Crucificado.

[32] Carta de 20 de abril de 1941.

[33] Carta de 4 de noviembre de 1940. Cit. por L. BUCH Y B. LANGDON DEL REAL, *Por qué sonríes siempre?: María de Villota, Chiara Corbella, Sophie Scholl*, Madrid 2018, p. 100.

[34] Diary, Blumberg, 4 de Noviembre de 1941.

[35] J. R. AYLLÓN, *Sophie Scholl contra Hitler*, Madrid 2016,

[36] Homilía de A. GRAF VON GALEN Arzobispo de Munster el 3 de agosto de 1941. Cit. en Religión en libertad.com.

[37] Las quintas eran las listas publicadas con el nombre y fecha de nacimiento de todos los jóvenes que, por edad, deberían incorporarse al ejército el mismo año.

[38] Cfr. Diary, Blumberg, 12 de Diciembre de 1941.

[39] Escritora noruega conversa al catolicismo en torno a 1924.

[40] A Lisa Remppis, 22 de diciembre de 1941.

[41] Posible carta a Otto Aicher para un artículo en su revista *Windlicht*. Enero 1942.

[42] Cfr. Diary, Blumberg, 12 de febrero 1942.

[43] Carta a Lisa Remppis, sin fecha. Finales de marzo 1942.

[44] Carta a Lisa Remppis, 5 de abril de 1942.

[45] H. SCHOLL, et al., *At the heart of the White Rose: letters and diaries of Hans and Sophie Scholl*, o. cit., p. 221.

[46] Carta a Lisa Remppis, 30 de mayo de 1942.

[47] Cartas de 7 y 22 de septiembre de 1942.

[48] Carta de 9 de octubre de 1942.

[49] Diario, 10 de octubre de 1942.

[50] Carta de 28 de octubre de 1942.

[51] Carta de 7 de octubre 1942.

[52] Carta de 18 de noviembre de 1942.

[53] Estas palabras fueron pronunciadas en los juicios de Nuremberg, después de la guerra. Sophie ya no estaba.

[54] H. LOUIS-CHEVRILLON, *Le Prince du mensonge, essai*, Paris, Fribourg, 1970.

[55] Diario, 13 de enero de 1943.

[56] S. MARTÍNEZ-MARKUS, *Sophie Scholl: viva la libertad!*, Madrid 2009.

[57] Carta de 13 de febrero de 1943.

[58] Carta de 16 de febrero de 1943.

[59] Contenido inicial del panfleto cit. en H. SCHOLL, et al., *At the heart of the White Rose: letters and diaries of Hans and Sophie Scholl*, o. cit., p. 307.

[60] J. M. GARCÍA PELEGRÍN, *La rosa blanca: los estudiantes que se alzaron contra Hitler*, Madrid 2006.

[61] S. MARTÍNEZ-MARKUS, *Sophie Scholl: viva la libertad!*, o. cit., p. 90.

[62] Ibid., p. 105.

[63] Ibid., p. 101.

[64] Acta de interrogatorio de la Gestapo, 20 de febrero de 1943. Cit en www.tradicionviva.es.

[65] J. R. AYLLÓN, *Sophie Scholl contra Hitler*, o. cit., p. 121.

[66] Cit. En https://eldiariofeminista.info/2018/03/04/sophie-scholl-del-movimiento-la-rosa-blanca-«nuestra-resistencia-provocara-olas»/

[67] Los tres textos pertenecen a tres cartas distintas pero seguidas, que Sophie consiguió escribir a Fritz. La última, pocos momentos antes de ser ejecutada. Las tres son citadas por J. R. AYLLÓN, *Sophie Scholl contra Hitler*, o. cit. , pp. 118-122.

[68] Cfr. L. BUCH Y B. LANGDON DEL REAL, *Por qué sonríes siempre?: María de Villota, Chiara Corbella, Sophie Scholl*, o. cit. , p. 138.

[69] Textos citados en J. R. AYLLÓN, *Sophie Scholl contra Hitler*, o. cit. , p. 123.

[70] Íbid., p 129.

[71] Ibid., p. 129.